2023년 포천일고 개교 70주년 기념문집

人文의 山

포천중·일고총동문회

차례

1부 인사말

2부 축시

3부 동문 시

4부 동문 단편소설

5부 동문 수필

6부 논단

7부 희곡

1부
인사말

개교 70주년 문집을 발간하며

양 호 식

포천일고총동문회 회장

포천일고 개교 70주년을 기념하는 동문문집 『人文의 山』을 발간하게 되어 기쁩니다. 옥고를 보내주신 동문님과 동문문집 발간에 뜻을 함께해주신 모든 동문님들께 감사드립니다. 동문문집 발간이 가능하도록 심혈을 기울인 26회 문학공원 김순진 대표님께 특별히 고마움을 표합니다.

포천일고 70년의 역사는 동문님들의 숨결과 발자취로 이룩되었습니다. 동문님들이 각자 소질을 계발하여 각 분야에서 전문가로 성장하였습니다. 공직분야, 교육분야, 경제분야, 학문분야, 예술분야, 문학분야, 체육분야, 농축산분야, 기술분야 등에서 최선의 성과를 내었습니다. 이런 활동은 바로 인문활동입니다. 사람이 사람다운 것은 사람의 고유성과 정체성을 지니기 때문입니다. 사람다움을 지니고 사람답게 사는 것을 인문이라고 합니다. 생각하고, 성찰하고, 글을 읽고, 글을 쓰고, 의식 있는 행위를 하고, 작품을 만드는 것이 모두 인문입니다. 포천일고 70주년의 역사는 바로 동문분들이 쌓아온 '인문의 산'이었습니다.

우리 동문회는 '人文'으로 '同門會'를 연다는 의미로 '文으로 門을 여는 동문회'를 표방하고 동문회를 운영해왔습니다. 우리 동문회는 이문회우(以文會友) 이우보인(以友輔仁)의 정신으로 인문으로 동문들이 모이고, 동문들이 서로 인격과 성장을 돕는 동문회를 목표로 하고 있습니다.

인문은 사람다움을 추구하는 활동입니다. 자기 존재의 근원을 생각하면서 사랑과 감사의 마음을 지니는 것부터 시작합니다. 존재의 기쁨을 느끼는 사람은 세상의 유일한 존재로서 세상의 주인임을 깨닫습니다. 주인은 세상이 자기로 말미암아 움직이는 것을 인식하고 내 탓임을 실천합니다. 소중한 존재로서 타고난 소명의식을 갖고 인생의 뜻을 세우게 됩니다. 입지(立志)의 '지(志)'는 선비의 마음을 의미합니다. 자기수양을 통하여 이웃과 사회와 인류에 공헌하는 뜻을 세우고 실천합니다. 뜻을 세운 사람은 '지학(志學)'을 하여 학습에 전념하게 됩니다. 학습에 몰입하는 사람은 당연히 독서를 통하여 성장을 도모합니다. 독서를 하는 사람은 당연히 글쓰기를 생활화하여 자신을 다듬고 더 높게 향상하게 됩니다. 인문은 결국 인간의 성장과 완성을 지향하게 됩니다.

동문문집에서는 각 분야에서 활동하시는 동문분들의 삶의 이야기와 역사를 다양하게 담으려고 노력하였습니다. 주제를 국한하지 않고 다양한 주제에 대하여 산문과 운문 형태의 글을 모아서 담았습니다.

각 분야에서 굳건하게 삶을 이끌어온 글이 바로 인문이야기입니다.

우리 동문회는 동문이 서로 선물이 되어준 보배로운 인연입니다. 평생토록 서로 길벗이 되는 도반(道伴)으로서 성장과 번영을 누리시길 바랍니다. 포천일고 개교 70주년의 영광이 동문님들 앞날을 밝혀드리는 등불이 되기를 기원합니다. 고맙습니다.

2023년 12월 27일

축사

괄목할만한 성과를 거둔 포천일고

백 영 현

포천시장

모교인 포천일고가 개교 70주년을 맞이하여 동문문집을 발간한 것을 포천시민을 대표하여 축하를 드립니다. 동문문집 발간을 위해 애써주신 동문회 관계자 여러분의 노고에도 동문의 한 사람으로서 감사드립니다.

저는 24회 졸업생입니다. 모교인 포천일고는 포천의 고등교육의 모태와도 같습니다. 한동안 포천일고가 포천교육을 책임진 근간이었습니다. 포천일고의 발전이 포천교육의 발전을 의미하기도 하였습니다. 포천일고의 70주년은 자랑스럽고 자긍심을 심어주기에 부족함에 없습니다.

그동안 배출된 동문들은 행정, 교육, 경제, 농축산, 예술, 체육분야 등에서 괄목할만한 성과를 거두었습니다. 동문들이 포천지역사회를 지탱할 뿐만 아니라 나라 각 분야에서 중요한 역할을 하고 있습니다. 앞으로 더 많은 역사를 쌓아가면서 훌륭한 동문을 더 많이 배출할 것으로 기대합니다.

저는 포천시의 시정목표 중의 하나로 '품격있는 인문도시 구현'을 설정하였습니다. 시민이 진정한 행복을 누리는 것이 물질 성장에만 있지 않다는 성찰에서 비롯되었습니다. 모든 시민이 인간다움을 누리면서 인간답게 사는 것이야말로 진정한 행복의 지름길이라고 생각하고 있습니다.

진정한 인문은 시민이 많은 책을 읽으면서 정신적으로 성장하고 그 결과물을 글로 표현하는 것입니다. 글을 쓴다는 것은 인문의 최종 결과물이라고 하여도 과언이 아닙니다. 이런 의미에서 모교 동문회가 동문문집을 발간하는 것은 훌륭한 인문활동이라고 생각합니다. 또한 포천시가 추구하는 품격있는 인문도시를 구현하는 훌륭한 방법입니다. 모교 동문회가 동문문집을 발간하는 것은 다른 학교 동문회에게 좋은 표본이 될 것으로 생각합니다. 모교 동문회가 인문도시 포천 구현에 일익을 담당하고 있는 것을 감사드립니다.

포천시는 역사적으로 명현 정승을 많이 배출한 고장으로서 인문자료가 넉넉합니다. 포천시의 이러한 전통을 계승하여 인문활동을 더욱 확산시켜 '더 큰 포천 더 큰 행복'을 만드는데 모교 동문회가 큰 역할을 해주실 것을 당부드립니다. 다시 한번 개교 70주년 기념 동문문집 발간을 축하드립니다. 동문님들도 글을 읽고 글을 쓰는 인문활동을 통하여 늘 건행하시고, 하시는 일마다 큰 성과가 있기를 기원합니다. 자랑스런 동문 여러분 늘 감사드립니다.

2023년 12월 27일

포천일고 개교 70주년을 축하하며

서 과 석

포천시의회 의장

2023년 포천일고등학교의 개교 70주년 맞이해 기념문집을 발간하는 것을 진심으로 축하드립니다.

'꿈을 실현하는 행복한 학교'라는 비전과 '교학상장으로 미래사회의 창의적 인재 육성'이라는 교육지표로 70년의 오랜 시간 동안 확고한 교육철학을 지키며 우수한 인재를 양성해온 포천일고는 지역 사회 발전에 공헌한 명문 학교입니다.

이번에 발간되는 문집은 동문 여러분들의 소중한 학창시절의 추억과 함께해 온 오랜 세월의 우정을 하나로 꿰어 완성한 책이라고 할 수 있겠습니다.

또한 학교의 다채로운 역사와 정취를 담고 있으며 선생님들의 가르침과 헌신, 학교의 다양한 활동과 더불어 동문 여러분들의 삶의 흔적이 깊게 새겨져 있는 뜻깊은 자료가 될 것입니다.

동시대를 살아온 우리의 이야기를 모아 이렇게 책으로 발간하게 된 것을 매우 뜻깊게 생각하며 이 기념적인 시점을 맞아 모두가 함께 열정과 희망을 나누고 더 나아가 학교의 발전과 학생들의 행복한 미래를 위해 함께 노력하고 뜻을 모아야 한다고 생각합니다.

마지막으로 이번 기념문집을 발간하기 위해 애써주신 모든 관계자 여러분들과, 교직원분들, 학생, 그리고 포천일고등학교를 사랑하고 지지해주시는 모든 동문 여러분들에게 깊은 감사의 말씀을 전하며 2024년 갑진년 새해에도 항상 원하는 모든 일이 이루어지는 뜻깊은 한 해가 되시기를 희망합니다. 감사합니다.

2023년 12월 27일

2부

축 시

 축시

오! 포천일고 칠십

양윤택(6회)*

반월산 한내천을 배산임수 자리 잡은
당당한 위풍 도량 유서 깊은 포천일고
기라성 인재 배출로 명문 위상 드높네

반월성 울타리에 곱게 핀 한꽃송이
알차게 열매 맺어 배움의 전당으로
숭앙의 경배를 받아 찬연하게 빛나네

지역의 중등교육 선구자 위상으로
반월산 정기 받고 한내의 풍요 닮아
강인한 온유의 심성 갈고 닦아 빛나네

인성이 올바르고 인륜을 바로잡아
올곧은 젊음 양성 향토에 기여 보비
모든 이 숭앙 경배로 찬양받는 포일고

칠십 년 연륜으로 굳건히 다진 전통

* 前 포천문화원장

역사와 전통으로 명성이 자자하니
포일고 위상 드높아 영원무궁 전하리

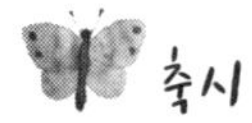

人文의 山

양호식(고 23회)*

동문들의 숨결과 세월의 손길이
포천일고 70년의 큰 산을 빚었네

내가 누군인가에 답해준 효제(孝弟)
부모의 큰 은혜와 형제의 우애가
내 존재를 알게 하고
사랑과 감사의 근본이라네

내가 우주의 주인임을 일깨운 유기(由己)
세상의 주인이 되었으니
내 탓임을 인정하고
스스로를 갈고닦아 세상을 변화시키려네

내가 무엇을 할 것인가 길이 된 입지(立志)
세상에 나온 사명을 깨치고
홍익인간의 길을 따라
일신하며 전진하려네

---

* 법무사, 제14대 포천중일고총동문회장

나를 키워주고 즐거움이 된 학습(學習)
사명을 감당하려 배우고 익힘에 힘쓰고
독서를 길라잡이 삼아 최고의 기쁨을 누리네

최선을 다하고 세상에 당당히 서게한 충의(忠義)
마음을 다하고 힘을 다하고 정성을 다하고
하늘을 우러러 맑고 밝은 기운 받아 살려하네

겸손이 만사형통임을 알게 해준 겸형(謙亨)
물처럼 낮은 곳에 처하기를 즐겨하고
아낌없이 베풀고 빈 배 되어 유유히 흘러가려 하네

같은 마음이 용서임을 알게 해준 충서(忠恕)
관점과 처지를 바꿔보니
너와 내가 같은 뿌리이고 한 몸이라네

포천일고 70년의 역사는 인문의 산이라네
인문의 산이
동문의 앞길을 밝히는 등불이어라

 축시

포천일고라는 느티나무

김순진(고 26회)*

70년이란 반월산 배움의 언덕에
큰 나무 한 그루 서 있습니다
포천일고등학교라는 느티나무
당신은 아낌없이 주는 나무입니다

우리에게 시련의 눈비가 내릴 때
당신은 부러지지 않는 우산이 되어주었습니다
우리가 지식의 목마름이 계속될 때
당신은 샘물의 원천이 되어주었습니다
오랜 생의 걸음으로 지쳐있을 때
당신은 그늘이 되어 품어주었습니다

장작 같은 불길로 우리에게 온기를 나누어주신 당신
등대 같은 정신으로 우리의 길라잡이가 되어주신 당신
당신은 우리에게 어둠을 밝히는 등불이었고
생의 고비 때마다 비빌 언덕이 되어주었습니다
배움에 허기진 젊은이들에게 성공의 열매를 나누어준 당신

* 26회 학생회장, 시인, 문학평론가, 소설가, 고려대 평생교육원 교수, 은평예총 회장

당신의 푸른 잎새 사이에는
수많은 희망의 새들이 깃들어 있습니다
그리고 그들은 긴 여정의 항해를 꿈었습니다

우리 포천일고등학교가 개교한 70년 전
꿈과 함과 심어져 자라온 느티나무여
당신에 가슴에 새긴 근면 성실이라는 교훈은
대한민국의 영토를 비옥하게 만들고
우리의 기상을 오대양 육대주에 펼치게 했습니다

포천일고라는 느티나무여
그 품은 지식의 샘물과 성공의 열매로 가득할지니
그 푸른 기상 영원하리라

3부

동문 시

비의 나그네 외 2편

이명희(고 17회)*

그가 온다는 소식 듣고 긴 머리 곱게 풀어서 제멋대로 뛰는 마음 붙들어 매어놓고 기다린다

으응~?
안 오네?
시무룩 고개 저으며 뒤돌아보니 알록달록 아가씨들에게 입 맞추며 벌써 저만큼 가고 있다

뒷주머니에서 엉성한 빗을 꺼내 머리카락을 자꾸 뒤로 빗어넘기며 눈길을 주면서 나에게 그가 다가오고 있다

나는 이미 포근하게 감싸줄 기다리는 님이 있다 하니
뻘쭘해진 그는 뒷주머니에 빗을 꽂은 채 나그네 되어 홀로 저만큼 가고 있다
비의 나그네…

---

* 포천시의원 역임

가는 세월

이명희(고 17회)

세월이 속절없이 간다는 말이
이런 것이구나 싶다
그 세월 따라
나도 가고 있으니 말이다
젊은 시절은
그렇게 그렇게 떠났는데
우리 곁을 떠날 때도
된 궁색한 것들
지금껏 버티고 있는 걸 보면
그놈
참
뻔뻔스럽게도
질기구나

동행

이명희(고 17회)

내게 주어진 세월의 품에서 한세상 주름진 얼굴이니
그냥
어여쁘게 봐주시고

세월과 처음 잡았던 보드랍고 고왔던 손
이제는 거칠고 투박하다 하여 손 놓지 마시고

초롱초롱하게 빛나던 두 눈 또한 이젠
돋보기의 신세를 져야 하지만
아직은 바른 마음을 들여다보는 혜안은 남아있고

긴 세월 걷느라 지쳐
뒤뚱거리는 걸음걸이
뒤에서 애처롭다 바라보지 마시고

옆에서 손
꼭 손잡고 같이 갑시다

한세월 살아오면서
우리는 그동안 서로 인생을 바르게 잘 살아왔잖아요

나팔꽃

배상훈(고 20회)

어제
고운 꽃 피워 낼 봉오리
소담스레 부풀려
바람마저 외면하고
누가 볼 새라 수줍은 듯
옅은 미소조차 감추더니

오늘
날 밝자마자
진보라 단색 단장으로 함초롬 피어나
햇살 품은 단아한 자태 반짝이며
군상들의 따사로운 시선 머금고
마냥 자애롭게 웃고는

내일
올까 두려웠더라도
기어이 맞이하고는
운명이듯 가야 할 때 맞춰

스치듯 길 떠나는 낙화
눈물 두려운 듯
하마 작별인사조차 못 하네

약속 외 5편

강돈희(고 21회)*

흰 눈이 펑펑 내리는 정경은
지난여름 혼자 꾸었던 꿈

그 속을 너와 단둘이 거니는 모습은
내 사랑의 간절한 소망

밀짚모자 눈사람이 그리운 것은
잃어버린 옛날의 동심

불현듯 떠오른 처마 밑의 고드름은
돌아갈 수 없는 지난날의 향수

오지 않는 첫눈에의 기대는
아직도 기억나는 너와의 약속

---

* 시인, 사진쟁이, 한국문인협회 포천지부장 역임

자업자득

강돈희(고 21회)

아침부터 살생을 하였다
찜찜한 하루의 시작이었지만
나로선 참을 만큼 참았다

한 마리 파리가
나를 시험에 들게 하였고
나는 그 시험에 졌다

견딜 수 없었다
나의 단잠을 깨운 죄의 대가는
가혹한 죽음이었다

자업자득
나는 살생을 원하지 않았지만
파리는 나를 시험하였다

고급인생

강돈희(고 21회)

지갑은 서민이지만
마음 하나만은 만석지기

형편은 초라해도
감성은 언제나 반짝반짝

차는 비록 경차지만
머릿속엔 시가 바글바글

살림집은 허름해도
정신세계는 널널한 고래등

사는 모습은 궁색해도
영혼만큼은 늘 푸른 하늘

보금자리

강돈희(고 21회)

높다란 미루나무 위의 까치집
얼기설기 굵은 나뭇가지로 지었다
보일러도 없고 창문도 없고
거실이나 주방이 따로 있지도 않지만

새끼를 품어 기르고
꿋꿋하게 세상을 배우며
사랑이 움트고 숨결이 배인 곳
모진 비바람 견뎌내며 세월을 이긴다

하늘과 바람과 교감하며
날 수 있는 능력에 감사하며 산다
엉성하게 보일지라도 대궐 같은 보금자리
까치 식구들에겐 세상 부러울 게 하나도 없다

매력 포인트

강돈희(고 21회)

뭘 입어도
잘 어울리지만
미니 입으면
더 예쁜
너

더도
덜도 말고
딱
무릎 위
15cm

진정한 시인

강돈희(고 21회)

백지만 봐도 시심이 생긴다면
그가 바로 시인이다

가만 있어도 시어가 떠오른다면
그가 바로 시인이다

시를 뽑아내지는 않아도
시상을 갖고 있다면
그도 시인이다

마음에 늘 시를 담고 산다면
그가 바로 진정한 시인이다

사계(四季) 외 1편

이중효(제22회)*

찬 바람이 얼굴을
스쳐 지나간다
하얀 눈이 내린다
얼어붙은 땅에서 그날을 기다린다

남풍이 불어온다
햇살이 닫혀있던 문을 여는 날
연두색 치마
꽃분홍 물들이고
봄날을 그렇게 떠나는 것을

떠나간 빈자리
파도가 밀려온다
모래밭에 쓰여진 이름도
물결이 지우면
흔적조차 알 수 없는 것을

---

* 시인, 포천시의회 의장 역임, 포천문화예술재단 이사장

햇살도 익고
나도 익어가는 계절이 오면
한번 입맞춤도 하지 못한 채
사연만 적어놓고
멀어지는 것을
그렇게 꿈만 꾸다
떠나가는가

수평선

이중효(고 22회)

하늘이 빨갛다
바다가 빨갛다
하늘 바다가 만나는 곳은
모두 빨갛다.

하늘에 파란 구름
바다에 파란 파도
하늘 바다가 만나는 곳은
온통 파랗다

하늘과 바다의
경계는 어디일까

깊은 심연(深淵) 속으로
빠져들어 간다

기다림과 만남 외 1편

김성진(고 23회)*

보고픈 사람을 오지 않는다
봄비는 왜 그렇게
서럽게 서럽게 내리는지

시끄럽고 또한 고요한
깊은 밤거리는
낯설은 군상들도 뒤엉켜
허기진 배를 채우고 굶주린 술을 마신다
모두들 정신없이 돌아가는 골목길
한 모퉁이에 나는 또 오지 않는 사람을 기다리고 있다

언제쯤 만날 수 있을까
수많은 낮과 밤을
오지않는 그 희망을 위해
그 긴 기다림을 또다시 내일의 여명을 위해
숨죽인 야생의 잡초처럼 끝없는 생명력으로
언제 올지 모를 사람을 기다리고 있다

---

* 시인, 마홀문학회 회장 역임

설렘이 있어 선택한 사랑이
기다림에 있어
타인에게는 서푼의 가치도 없는 사랑도
나는 그것이 나의 최후를 향한
불행한 슬픈 여정이어도
한 번쯤 똑 만나야 할 나의 인연이니까

만나야 한다 너와 나는
불행한 만남이라도 비켜 갈 수 없잖아
시련 없는 삶이 어디 있으랴

길고 긴 어둠의 터널을 지나며
한 여인을 위해
쓰디쓴 소주잔에 일렁이는 모든 회한을
목구멍 저 깊숙이 털어 넣는다

여전히 만나야 할 사람을 오지 않았다
나의 기다림의 인내는 어디까지인가…

내 마음의 퍼플 레인

김성진(고 23회)

그대의 작은 어깨가 삶의 무게에 억눌려서
초가집 지붕에 빗방울 떨어지듯
허망함을 가지고 오늘도 또한 내일도 살아간다

비상을 꿈꾸는 작은 새는 날개를 퍼득이고
더 높은 곳을 향하지만
살아가는 날이 그리 쉽지만은 않은 것 같다

살아가는 수많은 선택을 하지만
마지막 선택은 너이고 만 싶다

조그만 냇가에 흐르는 물이 강으로 흘러가듯
나의 작은 너에 대한 사랑이 밀알이 되어
훗날 너의 비바람을 막아줄 방풍림이 되고 싶다

비 오는 날은 날지 않았으면 좋겠다
너의 날개는 너무 작아 내리는 비에 그나마
엉겨 붙어 퍼득일 때마다 나는 눈물이 난다

돌아가야지
니 곁에 내가 있어 넌 편하지 않았던 거야
왜 몰랐을까
나만 떠나면 되는 것을
영겁에 무엇이며
인연이 무엇인가

내가 떠나는 날 비가 오지 않았으면 좋겠다
너의 날개가 너무 작아서

이 밤 작은 나의 가슴에 보랏빛 비가 내린다
퍼플 레인 퍼플 레인…

물길 따라 바람 타고 흙으로 가는 길

양호식(고 23회)*

은하수(銀河水) 길 따라 학(鶴) 한 마리
금수정(金水亭)에 날아들다
순백(純白)의 부리로
봉래 선생이 글 쓴 바위에 꿈을 새기다
자연을 새기는 조각가의 꿈

학의 나래를 펼쳐
경계 없이 넘나드는 자유
고정되지 않고 머무르지 않고
모두와 접목(接木)하여
한 몸을 이뤄
덩실덩실 춤춘다

유년 시절 겪은 동족상잔의 상흔(傷痕)이
승화되어 이룬 평화
카오스를 넘어 하모니를 이루다
모두가 순백으로 일체되는 학의 무리

---

* 법무사, 제14대 포천중일고총동문회 회장

공존과 공생을 그린다

학(鶴)조차도 품어 줄 자연을 헐지 않는다
헐린 자연을 다시 헐지 않는 순응(順應)으로
아트밸리를 새겨내다
나서 돌아갈 본향이 자연임을 일깨우다

사이에 틈새를 메워주는 것이 사랑이다
더 이상 분열과 대립이 서지 않는 곳이
사랑이다
평생 짊어진 휴머니즘으로
접목과 포용으로
큰 사랑에 이르는 길을 열다

흙이 본향이다
자연이 돌아갈 보금자리다
사람의 마음에 큰 사랑을 각인(刻印)하고
천상의 작품 완성하러
학의 날개 펼쳐
은하수 길을 따라 훨훨 날다

* 제6회 김광우 조각가님 서거 2주기 추모시입니다.

콩새네 집 외 4편

김순진(고 26회)*

1967년 연곡리 산 142번지 산자락에
콩새네가 이사 온 것은 화전이라도 부쳐 먹고 싶은 소망이었다
꽃무릇 뿌리를 삶아 연명하고
칡이나 씹는 것이 끼니꺼리였던 그 집
외동딸은 영양실조로 밤이면 앞을 보지 못했다
부녀회 작목반이 기르는 뽕나무밭 사잇길을 쓰러질 듯 걸어가는 그 아이
저 콩새같이 가느다란 다리로 낭창낭창 걸어가는 앤 뉘 집 아이야
그때부터 그 집은 콩새네로 불리었다
아침이면 콩새들의 조잘거림을 빈 솥에 안치는 집
돌담불 울타리에 핀 메꽃 웃음을 점심으로 먹는 집
방죽 위로 드리운 저녁노을을 밥상으로 펼치는 집
하얀 얼굴로 낭창낭창 걷던 콩새는
어느 날 '즐거운 방학생활' 책갈피 속으로 들어가고
전학 간 그 아이는 우리들 가슴에 사는 텃새가 되었다

---

* 26회 학생회장, 시인, 문학평론가, 소설가, 고려대 평생교육원 교수, 은평예총 회장

뺑 치고 싶은 날

김순진(고 26회)

추적추적 가을비가 내리는 날이다
무얼 먹을까 망설이다 국수를 삶는다
굵은 멸치 한 줌을 똥도 안 발린 채 그냥 넣는다
비린내가 풍기자 나는 어느새 투망을 어깨에 메고 고향 냇가를 거닌다
차츰 우러나는 멸칫국물 냄새가 비 맞고 들어온 추위를 지우고 허기를 돋운다
국물을 한 수저 떠먹어 본다
양파와 조선무에서 우러난 들쩍지근한 맛이 청양고추와 만나 칼칼하다

어릴 적 호밀을 많이 심어 국수를 수십 박스 눌러다 방구석에 쌓아놓고
아버지는 농한기에 아이들 공책값이라도 한다며 화투꾼을 불러다 먹기내기 뺑을 치셨다
땔감이 마땅치 않던 시절 어머니는 젖은 짚을 때며 눈물 콧물로
신김치 썰어 넣은 국수털래기를 끓여내셨고 국숫값은 언제나 외상이었다
내 땅 한 평 없이 살던 그 시절
결국 봄이 되어서야 품으로 대신 국숫값을 받았지만

어머니에게 그런 국숫값은 받으나 마나 한 돈이었다

이런 날이면 일이고 뭐고 다 집어치우고
버들치 한 대접 잡아다 국수털래기나 끓여 먹으며
먹기내기 뺑이나 한 판 치고 싶다

집구석

김순진(고 26회)

어릴 적 엄마는 자주 연장을 빌리러 갔다
채칼 한 개 사기 힘든 가정형편에
말도 빌리러 가고
되도 빌리러 가가
가끔 체나 키를 빌려오기도 했다

아버지는 탈곡기를 빌려다 콩을 떨거나
홀태를 빌려다 덜 익은 벼를 훑기도 하고
쇠불알저울을 빌리기도 했다
가끔 흙손을 빌리기도 하고
도리깨는 상습적으로 빌리는 물건이었다

그럴 때면
우리 집은 안방이나 마루 광 할 것 없이 모두 집구석이 되었다

그 집구석은 그까짓 채칼이 몇 푼이나 된다고 날마다 빌려달라는 거야
그 집구석에만 들어가면 안 나와
그놈의 집구석 보기만 해봐라

〈

아버지 엄마 동생에 나까지도 모두 싸잡혀서 집구석으로 불렸다

그때 빌리려 했던 물건을 모두 살 수 있게 된 지금
집구석 소리가 그리운 건 왜일까

집구석은 가난의 비하적인 말이 아니라
화목함에 침범 못할 여섯 식구의 요새였던 것이다

코찡찡이 할머니의 눈물

김순진(고 26회)

광복절 저녁 텔레비전을 보며 찐 감자를 먹는데
감자가 눈물을 흘린다
방송에서는 문 대통령의 담화에 일본 측 계산이 혼미하다

셋째댁 할머니를 우리는 코찡찡이 할머니라 불렀다
코가 뭉개진 듯 거의 없어
비 오면 빗물이 들어갈 듯한 할머니
할머니는 외로운 날이면 담배를 피우시고
가끔 감춰두었던 됫병 소주를 따라 마시기도 했다
말이 어눌해서 우리랑 놀아줄 줄도 몰랐다
동네 애들이 코찡찡이 코찡찡이라 놀리면
주먹을 얼러 메고 눈을 흘기다가 혼자 삭이고 말던 할머니

그렇지만 여름이면 할아버지에게 풀 먹인 하얀 모시적삼을 입히고
겨울이면 회색 누비두루마기의 하얀 동정을 달아 입히며
풍채 좋으신 시골 양반 선비로 입히셨던 할머니
평생 애를 못 낳고 사시다 시설에서 돌아가신 할머니

훗날 들으니 할머니는 가정교육을 잘 받은 일본 관리의 딸인데
히로시마 나가사키 원폭에 패망한 왜놈들이
못생겼다고 버리고 갔다고 했다

그런 일본 여자를 타고난 선비였던 셋짯댁 할아버지가 불쌍히 거두셨던 것이다
가만히 보니 어릴 적 뵙던 코찡찡이 할머니께서 울고 계신다

열無김치에

김순진(고 26회)

열무김치에 밥을 먹으면 한 가지 반찬이라도
우선 반찬걱정이 없어진다
고추장 한 숟갈 넣은 보리밥을 쓱쓱 비비면
조갈처럼 일던 십년 허기가 없어진다
부추전 몇 장 구워 곁들이면
아등바등 사는 걱정이 없어진다
막걸리 한 사발 쭈욱 마시며 한 입 물고
옷소매로 입을 훔치면 일체의 그리움이 잊힌다
국수를 말아 훌훌 들이켜면
상감 부럽지 않아 열 가지 걱정이 없어진다

열무김치 국물에 찬밥 한 그릇 말았더니
압 안으로 종달새 노래가 퍼지네
버들피리 불며 새둥지 찾던 소년이
들쩍지근한 논두렁 삘기를 질겅질겅 씹고 있네
아, 가진 것 없어도 걱정 없었던
길 없는 길이 된 유년의 길
두레박 우물에 매달아 놓던 열무김치는

꿈을 재생하는 아이스크림이었네

금방 뽑아 쓱쓱 버무리던 어머니의 열무겉절이
나는 여전히 당신에게 절여진 품안의 자식인데
어머니 당신은 어디 계시나요
이제 저는 열 가지 걱정을 덜어 살만한데
귀밑머리는 열무뿌리처럼 희고
아직도 이상은 무청처럼 푸른데
열 낼 일도 열 받을 일도 없이
열무김치처럼 어울리고 싶은데

두통약 없는 저녁엔 외 2편

박성환(중 28회)*

박모(薄暮)의 시간에
까치가
숲으로 떨어진다

까마귀일까 까치일까
확인하려 하지 말자
구분하려 하지 말자

그냥
새가 내려앉는구나
생각하기로 하자

한참 멀리서 본 거라 치자
그냥
나뭇잎이 떨어졌다 하자

* 시조 시인, 시사만화가

사모곡

박성환(중 28회)

으스름달밤이면 아기별 속삭임도
똘망한 큰소리로 수북이 쌓이는 밤
혹시나 하늘 오르신 내 님 소식 들을까

촉촉한 눈망울은 구름 속 헤쳐보고
쫑긋한 노루귀로 바람을 더듬어도
그리는 님 목소리는 온데간데없구나

끈적한 목청으로 뒷동산 적셔놓는
접동새 접동접동 내 님의 목소린가
오늘 밤 꿈에서라도 내 님을 만났으면

이별, 금단증상

박성환(중 28회)

밤이면 간질간질 네 생각 기어 나와
효자손 움켜쥐고 마음을 긁어대도
암팡진 손끝 생각에 가려움은 더하고

부리를 비비대는 비둘기 꼴사나워
홧김에 강소주로 마음을 잠갔는데
눈뜨니 수줍은 미소 사이다로 넘치고

막걸리 한 사발에 톡 쏘는 홍어 삼합
분위기 알싸하니 금연 중 담배 생각
단박에 떨칠 수 없는 당신 모습 같구려

탈주 · 1 외 1편

서영석(중 28회)*

도마뱀은
삶의 언저리에서 실낱같은 구멍을
빠져나가기 위해서 자해를 하며
스스로 꼬리를 자르고

시간의 덫 안에
자신의 일부를 저당 잡히고
사유(思惟)의 경계를 넘어
자유를 차용한다

나는 기억의 꼬리를 지우고
아픈 시간을 잘라서
가슴속 저편에 묻고
새로운 시간을 키운다

도마뱀은 속박의 시간을 자르고
나는 어두운 길목과 아픔을 자른다

---

* 시인, 포천문인협회 회장

회장실

- 점

서영석(중 28회)

1.

우리 집엔 얼마 전부터 회장실이 생겼다
용변이 급할 때면 회장실로 뛰어간다
처음 방문한 사람은 당황해하지만
이내 익숙해져서 회장실 문을 열어젖힌다

2.

문에 붙은 표지판에 점하나가 떨어지더니
아래로 배설을 할 때마다 귀해지고 있다
그래서 표지판을 고치지 않고
그냥 놔두기로 했다

3.

어느 날 옆집 철수가 다녀가더니
자기 집에도
회장실을 만들었다

4부

동문 단편소설

나, 여기 있소

- 서울 은평구 북한산 아래 있는 '여기소(女妓沼)' 설화

김순진(고26회)*

"북한산성을 축조하는데 기술자들이 모자라서 일이 진척되지 않는다고 합니다. 제 나이가 벌써 서른둘입니다. 그래서 제가 가서 일도 돕고 돈도 벌어 장가를 들까 하옵니다. 아버님!"

집으로 퇴근해 돌아온 날 밤 어성은 부모님 앞에 무릎을 꿇고 앉아 북한산성 축조현장으로 떠나겠다고 말씀드렸다.

"그래, 네가 장가를 든다고? 그거 듣던 중 반가운 소리로구나."

나날이 나이가 들어가던 어성을 바라보던 어머니가 안색이 화사해지며 말했다.

"그래 언제 그곳으로 떠나려 하느냐?"

아버지가 아들 어성에게 물었다.

"네, 아버님! 작업할 때 입을 옷가지나 좀 챙기면 따로 준비할 게 없습니다. 내일이라도 당장 떠나려고 합니다."

---

* 26회 학생회장, 소설가, 고려대 평생교육원 교수, 은평예총 회장

어성이 쇠뿔도 단김에 빼라던 말을 머릿속으로 그리며 단호하게 말했다.

“북한산성을 쌓는 일이라면, 큰 바위를 옮기는 일일 텐데, 너의 허약한 몸으로 그런 일을 할 수 있겠니. 지금이라도 마음을 돌리거라. 이 어미는 반대다.”

처음 어성의 말에 멋모르고 찬성했던 어머니는 행여 어성이 몸을 다칠까 걱정이 되어 아버지의 눈치를 보며 작은 목소리로 말했다.

“우리 아들이 늘 어리광만 부려 아직 어린 줄 알았는데, 네가 이런 큰일을 스스로 결정하다니 대견하구나. 네 나이가 벌써 서른 살이 넘었으니, 장가를 갈 때가 훨씬 넘긴 했지. 그러려무나. 숙종임금께서 나라의 안위와 백성의 행복을 최우선으로 하는 분이시니, 아마도 노무자들의 건강과 안전을 위해서도 잘 준비하셨을 게다. 그럼 어서 자고 내일 아침에 일찍 떠나거라. 북한리까지 걸어가려면 아마도 이틀은 꼬박 걸어가야 할 게다. 너무 빨리 가려 하지 말고 쉬엄쉬엄 가려무나.”

그러나 어성의 아버지는 어성을 본인의 일을 스스로 판단할 수 있는 성인으로 대하며 말했다.

부모님께 하직 인사를 하고 괴나리봇짐을 등에 메고 길을 떠난 어성은 과천에서 하루를 유하고 저녁때가 되어서야 파발역에 도착해 또다시 은평여관 해실(亥室)을 잡아 하루를 유했다.

초여름 더위가 한창인 5월 스무아흐렛날, 파발역 근처 여관에서 하룻밤을 지낸 어성은 일찍 눈을 떴다. 그리고 창밖을 내다보았다. 가까이 있는 연못에는 둥그런 채반 같은 가시연 연잎이 하름하름 호수를 채우고 있었고, 멀리 엷은 안개에 싸인 백운대와 원효봉, 사모바위 등이 한눈에 들어왔다.

"참으로 멋진 산이로다. 저기 저 사모바위 옆에 진흥왕의 순수비가 있다지. 저 산이 백제, 고구려, 신라가 순서대로 차지했던 그 역사적인 산이로구나. 우리 조선이 이렇게 통일이 돼서 저 압록강까지 한 민족이 같이 살고 있다니 정말 태평성대로다. 만일 저 산이 없다면 한양은 외세에게 금방 함락될 수도 있을 거야. 그러니 숙종대왕께서 성을 쌓으시려는 것일 거야. 내 이 청춘을 바쳐 성을 쌓아야지. 나는 죽어 없어지겠지만 내가 쌓은 성벽은 천년만년 만만세 이어갈 거야. 야, 생각만 해도 가슴이 벅차오른다."

북한산 앞에 도착한 어성이 혼잣말로 말했다. 서른둘의 거중기 기술자 이어성이 북한산성 축조공사에 참여하러 온 것은 물론 돈을 벌어 장가를 들고 싶은 속내도 있지만, 국책사업인 북한산성을 내 손으로 쌓아 자손만대 물려주고 싶은 웅대한 뜻도 있었다.

파발 역참에서 조반을 먹은 어성은 서둘러 북한리의 산성축조 현장을 찾았다. 북한산성 축조현장은 누구에게 묻지 않아도 멀리서도 성을 쌓고 있는 모습이 보였다.

"저, 말씀 좀 물읍시다. 여기서 거중기 기술자를 모집한다고 해서 왔는데요. 어디로 가야 하오?"

한창 돌을 다듬고 있는 석수장이에게 어성이 물었다.

"에이, 여기는 현장이고요. 저기 저 파발 역참 근처 아래 건물들이 있는 마을이 하나 보이지요? 거기가 숙소와 식당, 관리사무소가 있는 마을이에요. 그리로 가보시지요."

하얀 돌가루를 온몸에 뒤집어쓰고 땀으로 범벅을 한 석공이 손짓하며 가르쳐주었다.

"에이, 애써 올라왔구먼, 아, 아래다가 방을 붙여두면 좋잖아. 나도 하급 관리 출신이긴 하지만, 하급 관리들 일하는 게 매 이 모양이란 말이야."

어성이 투덜대며 마을로 내려오는 길목에 아침에 창으로 바라본 작은 그 연못은 더욱 아름답게 보였다.

*

숙종 임금은 영의정 밀양 박수림, 좌의정 안동 김순구, 우의정 전주 이원수와 병조판서 안산 김기면, 이조판서 경주 최원경, 호조판서 인동 장수일, 예조판서 안동 권감, 공조판서 장수 황영구, 형조판서 문화 류형기 등 최고의 관리들을 모아놓고 조정회의를 진행했다.

"병판대감! 그 삼각산 지도 좀 가져다 펼쳐보시오."

"네 전하. 여기가 백운대이고, 여기는 보현봉, 여기는 문수봉, 여기는 나월봉, 여기는 원효봉이옵니다."

병조판서 김기면이 지도를 가져다 펼치며 대답했다.

"아니 아니! 그렇게 말고 지역 이름으로 말하라"

"네, 전하 여기부터 여기가 북한리이고, 여기부터 여기는 구이리, 여기부터 여기는 정릉리, 여기부터 여기는 수유리이며, 여기부터 여기는 우이리이옵니다."

병조판서 김기면이 다시 지역 이름으로 고쳐 아뢰었다.

"그래. 경들은 들으시오. 내 이번에 북한리에서부터 우이리까지 산성을 쌓으려 하는데, 경들의 의견은 어떠시오."

숙종은 전에도 여러 선왕들이 산성을 쌓으려다 내신들의 반대에 부딪혀 성을 쌓으려던 계획이 여러 차라 부결된 적이 있던 터라 내심 걱정스런 눈빛으로 조정들을 바라보았다.

"전하. 그 넓은 지역에 도성을 쌓으려면, 우선 수많은 바윗돌과 엄청난 인력이 필요하온데, 그로부터 소요되는 경비가 천문학적인 비용이 들 것으로 사료되옵나이다. 하오니 통촉하여주시옵소서!"

이조판서 최원경이 먼저 나서며 말했다.

"지난 몇 년 동안 가뭄에 나라에 기근이 들어 백성들의 삶이 피폐한 줄로 아옵니다. 하오니 성의 축조를 시작해도 십 년 후에나 했으면 하옵니다."

예조판서 권감이 백성들의 안위를 생각하며 반대하고 나왔다.

"이판대감! 예판대감! 내 경비가 들고 바윗돌이 많이 드는 걸 몰라서 이런 계획을 낸 줄 아시오! 그리고 짐도 나라에 기근이 들어 백성들이 힘들다는 것은 알고 있소. 그러나 우리에겐 비축미가 있고, 나랏일이라는 게 언제나 기근이 들었다고 하고 민심이 흉흉하다고 하지, 좋은 때가 언제 있단 말이오. 짐이 왕위에 오른 지 어느새 삼십 년이 넘어섰소. 내 판단으로는 지금이 태평성대인 줄 알고 있소. 평소에는 관심이 없다가 이럴 때만 나라의 경비니, 백성의 안위니 하며 나서지 좀 마시오.”

“네 전하.”

이조판서 최원경이 허리를 굽히며 대답했다.

“소인의 생각이 짧았나이다. 죽여주시옵소서”

형조판서 류형기가 머리를 조아리며 말했다.

“경들은 들으시오. 일찍이 백제 시대의 개루왕께서 한강 북쪽에 성을 쌓아 고구려와 마주했고, 신라 진흥왕 때는 이 북한산성에서 고구려와 피 튀기는 전투가 있었지만, 신라가 막아내고 순수비를 세웠지 않소! 그러니 성이란 것은 나라의 방패요 울타리요. 만일 한양에 방패가 없어 오랑캐가 쳐들어온다면 나라의 안위가 경각에 달렸으니 내 수십 년 생각다 못해 산성을 축조하려는 병판대감과 의논하여 안건을 낸 거요. 그러니 이를 반대하는 사람은 앞으로 나라가 외세의 침략을 받아 멸망해도 괜찮다는 사람으로 알겠소!”

마흔다섯 살의 노련한 숙종 임금이 대신들의 분위기를 제압하며 말을 이었다.

“지당하신 말씀이옵니다.”

영의정 박수림이 숙종의 편을 들며 나섰다.

“지당하고 말고요. 당연히 진즉에 쌓았어야 할 우리 조선의 숙원사업이었습니다. 늦은 감은 있지만, 이제라도 성을 축조해야 한다고 신은 생각합니다.”

좌의정 최성규도 맞장구쳤다.

"반대하는 대신은 손을 들라!"

숙종이 목소리를 낮게 깔고 말했다. 높은 곳에 앉아 근엄하게 내려다보고 있는 숙종 앞에 반대하며 나서는 사람은 없었다.

"내 다시 묻겠노라. 이판대감! 형판대감도 반대하지 않는 거지요?"

숙종이 이조판서 최원경과 형조판서 류형기를 뚫어져라 바라보며 물었다.

"네 전하. 다른 대신들께서 모두 찬성하는데 제가 어찌 반대를 위한 반대를 하겠나이까? 전하의 뜻대로 하소서!"

이조판서 최원경이 다시금 복종의 말을 전했다.

"전하의 뜻이 맞는 것 같사옵니다. 저는 전하의 뜻에 따르겠사옵니다."

형조판서 류형기가 자신을 내리깎으며 말했다.

"그럼 북한산성 축조 계획은 실행에 들어감을 알리노라."

숙종의 엄명이 떨어졌다.

"예. 전하 지당하신 말씀이옵니다."

"지당하시옵니다."

"지당하신 말씀이옵니다."

"밖에 김 내관 있는가?"

숙종은 내관을 찾았다.

"네 전하, 말씀하시옵소서!"

김 내관이 문밖에서 가느다란 목소리로 대답하였다.

"병판대감을 들라 하라!"

숙종은 병조판서를 불렀다.

"제, 전하. 알겠사옵니다."

한참 후 김 내관은 병조판서 김기면을 데리고 창덕궁의 왕의 집무실인 선정전 앞에 나타났다.

"전하! 병판대감 대령하였사옵나이다."

김 내관이 아뢰었다.

"들라 하라."

숙종이 대답했다.

"전하. 부르셨사옵니까?"

김 내관이 선정전의 문을 열자 병조판서 김기면이 성큼성큼 다가와 머리를 조아렸다.

"병판대감! 내 일찍이 조정회의에서 북한산성을 쌓겠다고 하지 않았소. 이 지도를 보시오. 여기부터 여기까지, 그리고 여기부터 여기까지, 그리고 여기는 여기서부터 여기까지 성을 쌓는 것이 좋다고 생각하는데 경의 생각은 어떠시오. 바윗돌은 몇 개가 들며, 어디서 공수할 건지, 인력은 몇 사람이 들며 몇 년 동안 축조할 건지에 대해 '북한산성 축조 종합계획서'를 내시오. 오늘이 10월 8일이오. 앞으로 석 달간 말미를 드릴 테니, 내년 정월 첫 조정회의 때 가져오시오. 부족한 부분은 그때 차차로 협의합시다."

왕위 32년 차 숙종 임금의 말에서는 노련함과 꼼꼼함이 배어 나왔다.

"네, 전하. 병조에 속한 참판과 신하들과 협의하여 '북한산성 축조 종합계획서'를 내년 1월 첫 조정회의 때 내겠나이다."

숙종 32년 1704년 계미 음력 정월 초여드렛날, 궁궐에서는 첫 조정회의가 있었다. 여러 대신들의 사모관대와 의관을 갖추고 입궐했다.

"전하. 세배드리옵니다. 만수무강하소서!"

영의정 박수림의 선창에 따라 일제히 세배를 올렸다.

"만수무강하소서!"

"만수무강하소서! 전하!"

대신들이 세배하며 이구동성으로 말했다.

"고맙소. 대신들. 대신들께서도 가정이 화목하고 건강하시길 진심으로 바라마지 않겠소."

"황공하옵니다. 전하!"

"전하, 황공하옵니다."

여기저기서 숙종보다 나이가 많은 대신들까지 진심으로 인사를 했다.

"그럼 조정회의를 시작하겠소. 내 일찍이 북한산성 축조 계획에 대해 대신들과 협의한 내용이 있지 않소. 오늘은 그걸 가지고 이야기해 봅시다."

숙종이 대신들을 인자하게 바라보며 말했다.

"네, 전하!"

모두들 한목소리로 대답했다.

"병조판서 김 대감께서 나와서 설명하시오."

숙종의 말에 병조판서 김기면이 미리 준비된 한지로 된 큰 괘도를 펼치며 설명했다.

"우리 조정에서 축조하려고 하는 산성은 여기부터 여기까지, 그리고 여기부터 여기까지, 그리고 여기부터 여기까지 등 총 네 군데입니다. 북한산은 바위산이라 산성의 재료는 북한산에서 직접 채취하여 쪼개고 다듬으면 될 것 같사옵니다. 공사 기간은 겨울을 빼놓고 삼 년으로 산정하였습니다. 따라서 실질적으로 일할 수 있는 날은 휴일을 뺀 나머지 일 년에 이백오십 날을 일한다고 치면 될 것 같습니다. 따라서 병력은 한 구간당 일일 일천 명으로 삼 년 동안 축조한다고 볼 때 칠만오천 명이 소요됩니다. 그러니 아프거나 가정사가 있는 사람을 제외한다면 십만 명은 소요될 것으로 사료됩니다. 그래서 이들에게 하루에 상평통보 열 량의 일당을 줄 때 백만 냥, 게다가 우마차며 말이며, 기술자들의 경비와 식사비, 체류비 등으로 볼 때 천만 냥의 비용이 산출됩니다."

병조판서 김기면이 병조참판, 관리 등과 지난 몇 달간 꼼꼼히 준비한 계획서를 설명하였다.

"하하하. 과연 병판대감이시오. 그러니 내가 김 대감에게 그런 중책을 맡긴 거 아니오."

숙종은 크게 기뻐하였다.

"여러 대신들의 생각은 어떠시오? 김기면 병판대감의 '북한산성 축조계획서'에 대해 모두 한마디씩 말해보시오."

숙종이 물었다.

"참으로 좋은 계획이옵니다."

"좋고 말고요. 최고의 기획서입니다."

다들 한마디씩 찬성이 뜻을 펼쳤다.

"내 일찍이 김 병판의 능력을 알고 있었지만 이리 꼼꼼하신 분인 줄은 몰랐소. 정말 수고하셨소. 올해는 특별히 3월에 윤달이 들었구료. 윤달이 든 윤년에는 무엇을 해도 좋은 해이니, 이리 진행합시다. 이판대감, 이를 알리는 방을 만들어 전국 내려보내 붙이도록 하시오."

숙종이 기뻐하며 이조판서에게 하명하였다.

"네, 분부토록 거행하겠나이다."

그리하여 바로 전국에 방이 나붙고 드디어 입춘이 지나, 전국에서 동원된 병력들이 참여하여 윤삼월 1일 북한산성 축조가 시작되었다.

조정에서 알립니다。

지금 조정에서는
북한산성을 축조하고 있는 바、
거중기를 잘 만드는 기술자나、
잘 운용하는 기술자를 모집하니
선착순으로 참여바랍니다。
기술자의 임금은 일일 삼십 냥으로 정함。

알리는 사람
대 조선국 병조판서 김기면
이조판서 최원경

숙종 34년 1706년, 북한산성을 축조하기 시작한 지 두 해가 지났다. 다시 삼월이 되어 궁궐에서는 조정회의가 열렸다.

"경들은 들으시오. 벌써 북한산성을 축조한 지 두 해가 지났소. 그런데 아직 진척은 반도 안 된 것 같소? 무엇이 문제란 말이오?"

숙종이 대노하며 물었다.

"돌을 채취하여 깨고 다듬고, 운반하는데도 시간이 걸리지만 무거운 돌을 쌓는데 시간이 많이 걸리는 줄 아옵니다. 거중기가 한 공사장에 하나씩밖에 없어 공사의 진척이 매우 느리옵니다."

병조판서 김기면이 죄인처럼 대답했다.

"어허. 그러면 거중기 기술자를 백방으로 찾아봐야지. 이러다간 공사가 늦어지는 것은 물론, 노무자들이 지쳐 병이 들고 건설비용도 엄청나게 들 것이오. 어서 거중기를 만드는 기술자나 운용하는 기술자를 방을 붙여 찾아보시오. 노임에 관해서도 기술자니까 일반 노무자에 비해 세 배를 준다고 하시오. 그러면 빨리 모일 게 아니오. 이판대감!"

숙종이 목소리를 높여 이조판서 최원경을 바라보며 보며 명령했다.

"알겠사옵니다 전하."

*

수원 장안. 기생집 골목, 한 기생집 '옥련'에 호리호리하게 생긴 수원화성의 관리 이어성 나타났다.

"나리 오시옵니까? 어서 오십시오. 나리!"

기생 장연모가 쪼르르 달려 나와 코맹맹이 소리로 팔짱을 끼며 방으로 들어갔다.

"그래 잘 있었느냐! 내 가을철에는 공무가 바빠 자주 오지 못했느니라."

어성의 말은 그러했지만, 사실은 성(城)지기라 공무원이 그리 큰 직책도 녹봉이 많은 것도 아니라 기생인 연모를 사랑하지만, 자주 올 수 없는 처지였다. 그런데 그날은 이어성에게 공돈이 생긴 것이다. 이어성은 손재주가 좋아 무엇을 잘 만드는데, 특히 우마차라든지, 인력거, 가마 등을 만드는 솜씨가 뛰어났다. 원래 거중기를 만드는 기술자였는데 거중기라는 것이 성을 쌓을 때만 필요하지, 실생활에서는 그렇게 필요한 것이 아니라서, 그는 평소 좋은 손재주로 우마차, 인력거, 가마 등을 만들어 수원 장에 내다 팔며 용돈벌이를 하고 있었다.

"그런데 이리 발길이 뜸하시면 소녀는 어찌하라고 그러십니까. 미워, 미워!"

기방에 들자 연모는 어성의 팔을 두어 번 때리더니 살포시 안겨들었다. 평소에 연모는 어성을 사랑하고 있었지만, 어성은 주머니 사정 때문에 기방에 자주 올 수 없는 처지였다.

"나리, 주안상 올릴까요?"

연모가 어성의 눈치를 보며 말했다.

"그래. 너무 비싼 안주 말고 대강 가져오너라."

어성은 속으로 주머니 속에 든 돈을 헤아리며 머뭇거리듯 말했다.

"알겠사옵니다. 나리. 걱정 마십시오."

이윽고 연모가 몸종과 함께 크나큰 주안상을 받쳐 들고 들어왔다. 주안상에는 고기며 과일이며 산해진미가 가득 진열되어 있었다.

"아니, 이렇게 실한 주안상은 내가 시킨 바 없다. 물리거라."

어성이 깜짝 놀라며 주안상을 밀어댔다. 어성의 주머니 사정을 잘 아는 연모가 자기 돈을 주고 차려온 것이었다.

"나리, 엊그제 나리의 생신이었던 걸 잘 알고 있습니다. 오늘은 제가 한 잔 내려고요."

연모가 어성의 생일을 빌미로 한턱 낸 것이다.

수원 화성에도 거중기 기술자를 찾는 방이 붙었다.

"여보게 어성이. 빨리 나와 보게."

어성의 동료 성지기인 준명이 어성의 팔을 끌며 성 밖으로 데리고 나왔다.

"아, 뭔데 이리 호들갑이야. 자네는 늘 이런 식이란 말이지."

어성은 동료 준명의 성격을 나무라며 못 이긴 듯 끌려 나왔다.

"저기 저것 좀 보게. 자네 같은 사람을 찾는 걸세. 어서 지원해보게. 아 이 화성(華城)지기야 하루에 열다섯 냥밖에 더 받나. 그러니 술값도 모자라고, 집에 가져다줄 돈도, 결혼자금도 없어 쩔쩔매지 않나? 그러니 저기 한 번 가보게. 저런 공사에는 자네가 적격이야."

준명이 어성의 팔을 들어 방을 가르치며 설명했다.

"에이 이 사람아. 나 같은 약골이 무슨 성을 쌓는 데를 간다고 그래. 관심 없네. 나는 약해서 받아주지도 않을 거야."

어성은 속으로는 관심이 있었지만, 자기가 한 말처럼 자신이 약골이라 성을 쌓는 공사장에 간다는 것이 더럭 겁이 났다.

그리고 며칠을 생각했다.

"내가 저 북한산성 축조 공사장에 가서 일 년만 일하면 기생집 '옥련'에서 연모를 빼내다 내 각시로 살 수 있을 텐데……."

어성은 문득 그런 생각이 들었다.

며칠 동안 고민에 고민을 거듭한 어성이 기방 '옥련'을 찾았다.

"저어……, 연모 있나요?"

기방 '옥련'의 뜰 안에 들어선 어성이 어눌한 말투로 물었다.

"연모야, 니 서방 왔다. 어서 나와봐!"

옥련에서는 어느새 어성이 연모의 서방으로 불렸다.

"나리, 왜 이리 오랜만이세요. 안색이 이게 뭐야. 어디 아파요? 어서 들어가요."

연모가 어성의 팔을 끌고 자기의 기방으로 들어갔다.

"잠시만 기다려요, 나리!"

연모가 서 있는 어성을 두고 돌아서며 주안상을 가지고 오려고 나가려 했다.

"잠깐만!"

어성이 연모의 치맛자락 뒤쪽을 잡으며 말했다.

“왜요. 아이 망측하게. 점잖으신 분이 오늘은 왜 이러실까?”

연모가 어성을 흘겨보며 나무라듯 말했다.

“지금부터 내 말 잘 들어요, 연모 씨!”

어성이 정색하며 말했다.

“무, 무슨 일 있어요?”

연모가 눈을 휘둥그렇게 뜨며 물었다.

“연모 씨, 나 사랑해요?”

어성이 단도직입적으로 물었다.

“그럼요. 제가 나리를 얼마나 사랑하는지 나리는 제 맘 모르실 거예요.”

연모가 애원하듯 대답했다.

“그럼 물어볼게요. 나랑 혼인할 수 있소?”

어성이 비장한 듯 물었다.

“그야……, 그렇지만…….”

연모가 말끝을 흐렸다.

“그럼 우리 혼인합시다.”

어성이 잘라 말했다.

“그렇게 하면 저도 좋겠지만, 여기 ‘옥련’에 내야 하는 내 몸값이 삼천 냥이나 돼요. 그 돈을 내실 수가 있겠어요?”

연모가 가난한 어성의 주머니 사정을 잘 알기에 의심스러운 눈초리로 바라보며 물었다.

“내가 수원 화성에 근무하는 건 알지요? 난 어려서부터 만들기를 좋아해서 거중기며 가마며, 마차며 못 만드는 게 없어요. 이번에 조정에서 한양의 북한산성을 쌓는데 나 같은 기술자를 찾는데요. 하루에 삼십 냥을 준다고 하니까 연모의 몸값 삼천 냥은 내가 서너 달이면 벌 수가 있소. 대신 공사가 끝나려면 일 년 정도 걸린다고 하니, 일 년만 일하고 내 연모에게 다시 돌아오리다. 그때까지 기다려줄 수 있겠소?"

어성이 애원하듯 말했다.

"사랑하옵니다. 나리. 잘 다녀오세요. 제가 따라가 밥을 해드리고 싶지만, 저에게 걸린 몸값이 비싸서 여기서 나갈 수가 없답니다. 부디 몸조심하시고 돌아오실 날만 기다리고 있겠어요. 저도 이제 나이가 차서 이 지긋지긋한 기생 노릇 그만하고 얼른 가정을 꾸리고 싶어요. 서방님!"

연모는 눈물을 주르륵 흘리며 안겨들었다.

"그럼 연모의 뜻을 알았으니, 내 연모만 생각하며 열심히 일해서 돈 벌어다가 연모를 이곳에서 꺼내, 혼인을 치를 거요. 그때까지만 기다려주오, 연모!"

어성이 품에 안겨 있는 연모의 귓가에 속삭였다.

"알겠사옵니다. 서방님! 부디 몸조심하시고 꼭 건강하게 돌아오셔야 합니다. 흑흑흑……."

*

북한산성 축조관리사무소에 도착한 어성이 사무실로 들어갔다.

"저는 수원 화성에서 온 사람입니다. 여기서 거중기 기술자를 모집한다고 해서요."

어성이 주눅이 든 표정으로 물었다.

"아, 그러세요. 제가 북한산성 절도사 이건설이오. 거중기 기술자라고요. 잘 오셨소. 당신 같은 사람이 지금 우리가 꼭 필요로 하는 분이요."

북한산성 총책임자라는 사람이 반겨주었다.

"전에는 무슨 일을 하셨소."

그리고 이 절도사는 이어성에게 이것저것 물었다.

"네. 경기도 장안 화성에서 근무하고 있었습니다."

어성이 기에 눌리지 않으려고 당당히 말했다.

"어허, 화성이라면 대왕께서 묵으시던 그 화성 말이오? 그 화성은 한양의 창덕궁과 같은 존재라 일반 사람은 들어가기 힘든 직책 아니오. 그렇다면 거기서 직급은 무엇이었소?"

이 절도사가 되물었다.

"말은 화성지기라 불리지만, 그래도 정9품 세마였습니다."

어성이 어깨를 으쓱이며 대답했다.

"그렇다면 그곳에서도 관리였으니, 이곳에서도 중간관리자인 종8품 직장의 직책을 드릴 것이오. 그러니 노무자들도 관리하고 새 거중기도 튼튼이 만들어 주시고, 네 군데의 공사 현장에 있는 거중기 운용을 점검해 주시오. 당신을 특별히 채용하는 것이오."

특채라는 이 절도사의 말에 어성은 눈이 휘둥그래졌다.

“알겠습니다. 나으리. 최선을 다해 조정이 하는 일에 힘을 보태겠습니다.”

어성은 진심에서 우러나오는 큰소리로 대답했다.

어성이 공사현장에 투입되었다.

“잠시, 잠시! 잠시 작업을 멈추시오. 여기 이 분이 새롭게 중간관리자로 오신 이어성 직장이오. 이분은 일찍이 수원화성에서 세마로 있었고, 거중기에 관한 한 조선에서 최고의 기술을 가지고 있소. 이제 이분은 정8품 직장이 되셨소, 이분의 말을 잘 따라야 우리가 하고 있는 북한산성 축조공사를 빠른 시일 내에 마칠 수 있을 것이오. 북한산성 축조공사가 벌써 2년이 넘었는데 아직 반도 진척을 이루지 못했소. 그래서 조정에서 이런 분들을 특채하신 거요. 이분의 말은 곧 상왕의 말이자 내 말이오, 만일 이 분의 말을 잘 따르지 않으면 내 이를 좌시하지 않겠소, 여러분 잘 알겠소?”

“예. 알겠습니다, 나리!”

모두들 그렇게 대답했지만 한 사람이 고까운 눈으로 이를 바라보고 있었다.

“웃기고 있네. 내가 중간관리자지, 저까짓 애송이 놈이 무얼 안다고 그래?”

지금까지 중간관리자로 있던 윤운출 직장은 속으로 화가 치밀어 올랐다. 자기가 노무자들 사이에서는 대장노릇을 하고 있었는데, 새로운 중간관리자가 온 것이 못마땅했던 것이다.

그러나 이어성 직장의 지시에 따라 공사가 순조롭게 진행되었다. 착하고 선한 어성을 사람들은 잘 따랐다. 이 직장이 중간관리자가 돼 공사의 진척을 보이던 어느 가을날 숙종께서 공사 현장을 순시하러 나온다고 했다.

"내 이놈을 그냥 두지 않겠다."

운출은 모의를 꾸몄다. 숙종 임금이 순시를 나온다던 전날 밤, 달이 밝은 그날 밤, 몰래 산에 올라가 거중기의 도르래 부속 하나를 빼놓았다.

이튿날, 아무것도 모르는 이어성은 전날과 같이 공사를 진행하였다.

"어서 거중기에 바윗돌을 올려라."

어성이 지시하였다. 석공들이 미리 잘라놓은 바위였다. 여덟 명의 장정들이 목도로 메어온 바윗돌이 거중기에 올려졌다.

"어서 거중기를 들어 올려라."

어성의 지시에 따라 거중기를 돌리는 장정들이 열심히 밧줄을 잡아당겼다.

"뚝! 우르르르!"

순간 거중기가 기울면서 높이 올려졌던 바위가 미리 쌓아놓은 성벽을 강타했다.

"성벽이 무너져 내린다. 모두 비켜라."

"바위가 구른다. 모두 비켜 모두 비켜!"

여러 사람들이 소리쳤다.

우르르릉, 쾅. 툭 투두둑…….

사람들의 목소리가 들리기가 무섭게 성벽이 무너져내렸다.

"으악!"

"으윽……."

"으어억……."

여기저기서 사람들의 비명이 들려왔다.

"사람들이 죽었다."

"어이쿠 저를 어째. 창자가 다 터졌네. 쯧쯧!"

그 사고로 네 사람이 목숨을 잃고 일곱 사람이 크게 다쳤다. 이어성은 기계점검 부실의 책임을 물어 감옥에 갇혔다.

"개새끼? 감히 내 자리를 넘봐!"

윤운출은 속으로 쾌재를 불렀다.

*

날이 나날이 추워졌다. 때는 시월 하순, 곧 겨울이 되면 북한산성 축조공사가 끝나 어성이 돌아오련만, 연모는 어성이 보고 싶어서 미칠 것만 같았다. 그동안 매월 편지는 서로 주고받았지만 이젠 직접 만나러 가지 않으면 보고 싶어서 견딜 수 없을 것만 같았다. 그래서 연모는 어성을 만나러 가기 위한 모의를 꾸몄다.

"가월 언니! 있잖아. 나 어성 나리가 보고 싶어 죽겠어. 한 번만 만나고 오면 안 될까?"

연모가 고참 기생인 가월에게 아양을 떨며 애원했다.

"그건 안 돼 이것아. 장안으로 가는 외출이라면 내 어떻게든 해보겠지만, 적어도 닷대는 비워야 할 텐데, 무슨 거짓말로 쥔장 단춘 언니를 속이니? 그리고 너 그거 몰라? 밖에는 우리가 도망갈까 봐 장정들이 골목골목 보초를 서고 있는 거?"

가월이 펄쩍 뛰며 연모를 저지했다.

"그래서 말인데, 언니! 내가 외동딸이잖아. 아버지 환갑이라며 다녀온다고 하면 안 될까?"

연모가 꾀를 내어 말했다.

"그래, 그럼 그렇게 단춘 언니에게 말해보자. 그런데 너 닷세 안에 안 돌아오면 그땐 죽는다."

가월이 주먹을 쥐어 보이며 연모에게 말했다.

"언니, 쥔장 언니! 연모의 아버지가 며칠 후 환갑이라고 하는데요. 고향에 좀 다녀오라고 하면 안 될까요?"

가월이 두 손에 깍지를 끼어 아래로 비비 꼬며 말했다.

"그래? 그렇다면 보내줘야지? 그런데 연모네 집이 어디지?"

단춘은 별 의심 없이 되물었다.

"경기도 영평!"

가월은 연모의 고향이 이곳에서 가까운 안성인 걸 알지만, 한양 쪽으로 보내주어야 하고, 다녀오려면 며칠이 걸리는 거리의 지명을 말해야 시간을 벌어줄 수 있기 때문에 영평이라 둘러댔다.

"영평이면, 포천 지나서 철원 옆이 아니니?"

기생생활을 오래 해 전국 한량들을 다 만나본 단춘이라, 전국의 지명을 꿰뚫고 있던 터였다.

"네. 언니!"

가월이 단춘의 허락이 떨어지기를 기대하며 다소곳이 대답했다.

"그럼 한 이레 갔다 오라고 해. 그런데 그 애 노잣돈이나 있니? 옜다. 삼백 냥! 이거면 아버지 옷감으로 비단 좀 끊고 소고기 좀 살 수 있을 거야!"

과연 배포가 큰 단춘이었다. 아마도 단춘은 연모의 고향이 영평이 아니란 것을 알고 있었다. 그리고 연모의 나이가 차서 이제 그녀를 놓아주어야 할 때도, 그 곁에 어성이란 좋은 총각이 있다는 것도 알고 있었다. 그래서 요즘 연모가 어성을 그리워하며 밥도 잘 먹지 않는다는 것도 알고 있었다. 그렇지만 단춘은 내색하지 않고 연모를 보내주기로 작심한 것이다.

그런 단춘에게 가월이 무릎을 꿇으며 울었다.

"언니, 정말 고마워요. 언니가 이렇게 마음이 크신 사람인 줄 몰랐어요?"

단춘에게 삼백 냥의 돈을 받아든 가월은 신이 나서 연모의 방 쪽으로 뛰어갔다.

"연모야! 연모야! 어디 갔어, 연모야. 빨리 와봐."

연모의 방 앞에 도착한 가월이 숨넘어갈 듯 연모를 불러댔다.

"아니, 무슨 일 났어요, 언니? 왜 그렇게 숨차게 불러요."

연모가 고개를 갸우뚱하며 물었다.

"애, 연모야 이거 봐라, 글쎄, 우리 대빵 단춘 언니가 니네 아버지 환갑에 다녀오라고 삼백 냥이나 주시는구나."

가월이 새로 제작돼 반짝거리는 상평통보 꾸러미를 짤랑거리며 자랑했다. 순간 연모는 눈물이 핑 돌았다. 연모가 열여덟 살에 이 집 '옥련'에 들어와 벌써 십 년이 되었다. 그동안 사내라면 산전수전 다 겪으며 살아온 그녀지만, 이젠 한 곳으로 마음을 정해 정착하고 싶은 연모였던 터에, 쥔장 대빵 언니가 용돈을 삼백 냥이나 주는 터에 감동했던 것이다.

"으어엉……. 흑흑흑……."

삼백 냥을 받아든 연모가 주저앉으며 울었다.

연모는 가마꾼을 시켜 수원에서부터 군포를 지나 안양을 거쳐 구로로 이어지는 길목 여관에서 하루 묵었다가, 여의나루에서 가마꾼들과 함께 배를 타고 마포나루에 도착해, 다시 가마를 타고 은평을 거쳐 북한리 파발 역참에 도착했다.

연모는 가마꾼 두 명의 이틀 치 품삯을 주어 돌려보내고 북한산성 공사현장을 찾았다.

"어기영차 어기어차, 어가, 어가, 조심하라구. 저저저, 발조심, 발조심. 그러다 미끄러지면 큰일 나요."

여기저기서 목도꾼 여섯 명, 네 명, 여덟 명 등 여러 팀이 큰 바위를 나르고 있었고, 한켠에는 바위를 쪼개느라 정의 머리를 때리는 해머 소리가 쩡쩡 산을 울렸다. 목도꾼들의 발걸음에 따라 산등성이는 먼지가 뽀얗게 일어나고 있었고, 군데군데 쌓여진 산성이 우람한 형태를 갖추고 있었다.

"여보게, 저기 좀 봐! 저기 선녀 같은 여인이 이리로 오고 있지 않나?"

"어디 어디? 우와. 정말 되게 예쁘다."

"아니, 어쩐 일로 저런 예쁜 여인이 여기를 오는 걸까?"

"으흡, 그 참 침 넘어가게 생겼다. 누구 아낙인지 저런 여인네랑 한번 살아보면 소원이 없겠네."

금실로 국화 문양의 수가 놓인 감색 저고리와 치맛단에 붓꽃 수가 놓인 옥색 치마를 차려입고 긴 칠보 옥비녀를 꿴 쪽진머리에 하얀 명주 쓰개치마를 살짝 어깨에 두른 연모의 모습이 인부들에게는 선녀처럼 보였다. 공사장의 남정네들은 하던 일을 멈추고 일제히 연모가 걸어 올라오는 쪽을 바라보고 있었다.

"이놈들, 뭐 하는 거야. 하라는 일은 안 하고?"

중간관리자인 윤운출 직장은 인부들을 야단치다가 말고 자기도 모르는 사이에 아리따운 연모의 모습에 그만 넋을 잃고 바라보고 있었다.

"우와. 예쁘다. 정말 예뻐! 그런데 누구실까? 저리 아리따운 아낙이 이 산의 공사판까지 오시는 이유는 무얼까?"

운출은 자기도 모르는 사이에 중얼거렸다.

"저, 나으리. 말씀 좀 물을게요. 여기 이어성 나리라고 있나요. 거중기 기술자신데요."

운출은 순간 가슴이 덜컥 내려앉았다. 자기의 음모로 사람을 죽이고 감옥에 갇힌 이어성을 찾아온 여인이었기 때문이다.

"아, 이어성 직장이요. 그 사람 참 훌륭한 사람이지요. 지금 조정에 볼일이 있어서 출장을 갔습니다. 저를 따라오십시오. 제가 오늘 숙소를 잡아드릴 테니, 하루 유하시면 내일은 이 직장이 오실 겁니다. 저를 따라오시지요."

서른넷에 아직 장가를 들지 못한 운출은 침을 꿀꺽 삼키며 속에도 없는 말로 이어성을 칭찬하며 또다시 계략을 꾸몄다.

"아, 네. 고맙습니다. 고맙습니다. 정말로 고맙습니다. 이 은혜를 어떻게 갚지요?"

아무것도 모르는 연모는 정말 고마워하며 연신 고개를 숙여 인사를 했다.

"은혜는요 무슨, 은혜랄 게 있나요. 이 정도의 친절 쯤이야 누구나 하는 게 아닐까요. 허허허."

운출이 속마음을 들키지 않으려고 큰 소리로 웃으며 말했다.

"고맙습니다, 나리."

연모가 또다시 인사를 했다.

"이리로 따라오시지요. 제가 안내해드리겠습니다. 너희들 일 열심히 하고 있어야 한다. 내 이 여인을 모셔다드리고 오마."

운출이 연모에게는 친절한 말투로, 인부들에게는 단호한 말투로 말했다. 운출의 속에는 흑심이 가득 들어차 있었다.

"걱정 마시고 다녀오세요. 나으리."

운출의 계략에 이어성이 감옥에 갇힌 줄 모르는 한 인부가 큰 소리로 대답했다.

"저거 저러다가 저 여인, 윤 직장에게 절단나는 거 아니여!"

평소에 운출의 품행을 좋지 않게 보던 한 인부가 속엣말로 중얼거렸다.

"조심, 조심! 조심하세요. 낭자! 자, 이 손을 잡으시지요."

운출이 마사토로 된 산길을 내려가며 손을 내밀었다.

"괜찮사옵니다. 어서 가시지요."

연모가 운출의 손을 못 본 척 산길을 내려갔다.

"어어어, 미끄러져요. 미끄러져!"

운출은 스스로 미끄러지며 연모의 손을 잡으며 넘어졌다. 연모는 눈 깜작할 사이에 온몸에 먼지가 묻으며 뒹굴었다.

"그러게 진즉에 제 손을 잡으시라고 했잖아요, 낭자!"

운출은 자기 손을 안 잡아서 연모가 넘어진 것처럼 연모를 나무랐다.

"죄송합니다. 나리"

연모는 자기의 부주의로 윤 직장까지 넘어진 줄 알고 미안해하면서 말했다.

"에이, 나 오늘 재수 옴 붙었네. 직장 체면에 이게 뭐람."

운출은 연모를 나무라듯 하며 자기의 옷을 털었다.

"이리 좀 돌아보시오. 낭자. 에이, 이 고운 옷에 흙먼지 다 묻었네."

운출이 연모의 옷을 털어주며 슬쩍슬쩍 엉덩이며 어깨를 만졌다. 순간 몸에서 불뚝 솟아오르는 남근의 티를 감추려고 운출은 허리띠를 고쳐매며 바지춤에 바람을 넣어 부풀렸다.

'오늘 내가 너를 가만두지 않으리라.'

운출이 속으로 중얼거렸다.

연모와 운출은 다시 오솔길을 걸어 작은 연못 근처에 있는 파발역참에 도착했다.

"여기서 잠시 기다리시오. 낭자!"

운출이 눈을 찔끔 감으며 연모에게 말했다.

"네, 나리"

아무것도 모르는 연모가 알겠다는 듯 대답했다.

"주인장, 내 여기 북한산성 축조 관리책임자 윤 직장이오."

운출은 은평여관 주인에게 먼저 가서 자기 위치를 자랑했다.

"그래서요 나리!"

살피듬이 좋은 은평여관 주인 여자가 물었다.

"오늘 멀리서 내 아내가 왔소. 그러니 좋은 방 하나 주시고 쇠떼는 둘을 주시오. 내가 할 일이 많아 늦게 들어와야 할 것 같아서 말이요. 공연히 아내가 자는 데 깨우면 미안하지 않소."

운출이 연모의 방에 잠입하기 위해 열쇠를 두 개 달라고 했다.

"그러시지요, 나리! 여기 있소, 우리 집은 방이 열두 개요. 자실(子室)부터 해실(亥室)까지요. 저기 저 끝방 해실(亥室)로 가시오. 오늘은 평일이라 손님도 없는 데다가, 창을 열면 전망도 좋고 외져서 한적하니 소리도 안 들리고 좋을 거요. 좋은 밤 가지시구랴. 돈은 삼십 냥이오."

은평여관 주인 여자는 야릇한 웃음을 띤 얼굴로 아무런 의심 없이 열쇠 두 개를 주며 말했다.

"어이쿠, 무슨 방값이 그리 비싸오. 여기 있소 서른 냥!"

운출은 방값이 아까워 속이 타면서도 두 개의 열쇠를 받아 쥐고 속으로 쾌재를 불렀다. 그리고 아무 일 없다는 듯 연모에게 돌아왔다.

"낭자! 이리로 오시오. 이 방이 전망 좋고 이 은평여관에서 가장 좋은 방이라오."

운출이 만면에 웃음을 띠며 말했다.

"고맙습니다. 나리. 그런데 방값은……."

연모가 걱정하며 물었다.

"아, 방값은 내일 이어성 직장이 출장에서 돌아오면 갚기로 했소. 걱정하지 마시오."

운출이 너스레를 떨며 거짓말을 했다. 그러나 연모는 어성이라는 이름만 들어도 눈물이 핑 돌았다.

"진심으로 고맙습니다, 나리, 고맙습니다. 나리."

눈물이 고인 연모는 두 번 세 번 연거푸 감사의 인사를 했다.

"그럼 잘 주무시오. 난 이만 바빠서 올라가 봐야 하오."

운출이 말하며 돌아섰다.

"저, 나리, 혹시 존함이라도……."

연모가 안타까운 눈으로 바라보며 말했다.

"이름은 무슨. 연이 있으면 또 만나리다."

운출은 뒤도 돌아보지 않고 그 말을 남기고 떠났다.

그 이튿날 새벽 자시. 운출은 몰래 은평여관으로 숨어들었다. 그리고 미리 가지고 있던 쇠떼로 해실(亥室)의 방문을 조심조심 열었다. 다행인지 불행인지 연모는 잠들어 있었다.

"그 누구냐!"

인기척에 놀란 연모가 소리쳤다.

"이년, 넌 내 꺼야, 이년아!"

운출이 타오르는 욕정을 주체하지 못하고 연모를 덮쳤다. 순간 연모가 만약을 위해 쥐고 자던 은장도로 운출의 허벅지를 찔렀다.

"이런 쌍년이. 감히 나를 찔러."

자기의 허벅지에서 피가 솟구치자, 화가 난 운출은 연모의 입을 막고 은장도를 빼앗아 그녀를 마구 찔러댔다.

"움, 움우움. 우우우움……."

그 아리따운 여인, 그렇게 연모는 그 자리에서 즉사했다.

한참 동안 연모를 난도질하던 운출이 정신을 차렸다.

"내가 지금 뭘 한 거지. 아, 어떻게 하지, 내가 살인을 했네."

운출은 자학했지만, 이미 엎질러진 물이었다.

"어서 날이 밝기 전에 시신을 감춰야지."

운출은 창문으로 연모의 시신을 내던졌다. 그리고 살금살금 밖으로 나가서 연모의 시신을 끌어다가 연못에 돌을 매달아 던졌다. 그리고 뒤도 돌아보지 않고 그곳에서 달아났다.

"마님, 마님, 여기 좀 와보세요. 이상해요. 피가 흥건하고 창문에도 묻어있어요."

날이 밝아 여관의 내실을 청소하던 몸종이 소리쳤다.

"뭐라고. 어디 어디, 어이쿠 이게 웬일이냐. 그 아리따운 아가씨가 죽었나 보다. 어서 포도청에 알려라!"

포도청에서 나온 수백여 명의 포졸들이 그 일대를 샅샅이 뒤졌으나 연모의 시체는 발견되지 않았다.

누명을 벗고 감옥에서 나온 어성은 연모가 운출의 손에 죽었다는 소문에 오열했다.

그리고 수십 년 동안 전국을 돌며 윤운출 잡기에 세월을 보냈다. 그리고 마침내 윤운출의 고향인 황해도 평산에서 은둔하며 농사를 짓고 있던 윤운출을 찾아 죽이고, 그도 자결했다.

윤은출과 이어성이 죽고 난 후, 연못에서는 매일 밤 이상한 여인의 목소리가 들려왔다.

"나 여기 있어요."

사람들은 의아해 주변을 찾아봤지만, 사람의 형상은 눈을 씻고 찾아봐도 볼 수가 없었다.

"나, 여기 있어요."

밤이면 날마다 그 소리가 들렸다. 사람들의 신고로 포도청에서는 그 연못의 물을 모두 뺐다. 그곳에는 하얗게 뼈만 남은 시체가 돌에 묶인 채 발견되었다.

그 이후 그 연못은 흙으로 채워져 폐쇄되었다. 훗날 그곳에는 '여기 있소'에서 유래된 '여기소'라는 팻말이 붙었다.

5부
동문 수필

포천의 인물, 광암(曠菴) 이벽(李檗)

김승한(고 17회, 축산과 1기)

다산(茶山) 정약용(丁若鏞)은 광암(曠菴) 이벽(李檗)을 신선나라 학이라 불렀다. 포천 영평현감을 지낸 초정(楚亭) 박제가(朴齊家)는 이벽의 죽음을 슬퍼하면서 하늘과 땅이 남몰래 울었다고 하였고, 천문, 지리, 기형에 뛰어났다고 하였다. 포천 출신 성대중(成大中)은 이벽으로부터 한양이 37도 15분이고 백두산은 북위 42로라고 들었다고 하였다.

포천의 주요 인물

포천 출신 인물 하면 대부분 사육신의 한 사람 벽랑(碧梁) 유응부(兪應孚), 오성대감(鰲城大監)인 백사(白沙) 이항복(李恒福)과 면암(勉菴) 최익현(崔益鉉) 선생이 떠오른다. 그 이외도 수많은 포천의 역사적인 인물이 있지만, 광암 이벽은 생소한 인물이다. 그가 누구인지 알아보기로 한다.

명동성당에 걸려 있는 초상화 주인공

명동성당에는 두 분의 초상화가 걸려 있다. 한 분은 우리나라의 최초의 신부님인 김대건 신부님이고 다른 한 분은 갓을 쓴 젊은 선비이다. 그 선비는 누구이며, 무슨 연유로 한국천주교의 중심인 명동대성당에 걸려 있을까?

그 선비는 포천이 낳은 광암(曠菴) 이벽(李檗)이라는 인물이다. 그로부터 한국천주교가 시작되었고 그가 걸어온 길이 천주교의 길이 되었다. 이벽은 초기 조선 천주교회 지도자의 리더 Leader였고, 서학(西學)을 학문에서 종교로 승화시킨 최초의 인물이며, 우리나라 천주교인 중에서 목숨을 신앙으로 바꾼 최초의 순교자이다. 광암 이벽은 포천을 넘어 세계로 나가는 인물로 한국천주교에서는 '최초' '처음' '시작'이라는 상징적인 단어와 함께하고, 성조로 추앙받는 인물이다. 포천이 보유한 인문학 최고의 브랜드 파워(brand powe)이다.

탄생과 가문

이벽은 포천시 화현면 화현3리 543-1번지에서 1754년(영조 30)에 태어나서 1785년(정조 9년)에 태어난 곳에서 순교하고 뒷동산에 묻혔다. 자는 덕조(德操) 호는 광암(曠菴) 천주교 세례명은 요한 세례자 약한(若翰)이다.

경기도 포천의 기호학파 남인 집안에서 부친 이부만(李溥萬, 1727~

1817년)과 청주 한씨 사이에 6남매 중 둘째 아들로 태어났다. 경주이씨(慶州李氏) 이천(李蒨)을 파시조(派始祖)로 하는 국당공파(菊堂公派) 17세손이고, 1592년 임진왜란 때 우승지로서 임금이 탄 수레를 호위한 지퇴당(知退堂) 이정형(李廷馨)으로 하는 지퇴당공파(知退堂公派)의 7대손이다. 특히 이벽의 5대조 할아버지 묵암(黙菴) 이경상(李慶相)은 병자호란 때 소현세자를 모시고 북경에 다녀왔다. 이벽의 형 이석(李晳)은 무과에 합격하여 황해병마절도사(黃海兵馬節度使)을 지냈고 이석(李晳)의 아들 이현직(李顯稷)은 어영대장(御營大將, 지금의 대통령 경호실장)을 지냈다. 동생 이석(李晳)은 종이품 무관인 좌포장(左捕將)을 지낸 전통 무관의 명문가였다. 이벽 또한 신체가 건장하고 키가 178㎝ 이르며 힘은 장사였으나 형제들과는 달리 과거시험에는 뜻을 두지 않고 학문에 전념하였다. 그는 새로운 학문 즉, 서학(西學)을 연구하면서 천주교(天主教)를 알게 되었고 천주학(天主學)과 성리학(性理學)의 융합에도 많은 관심이 있었다. 이벽의 학문은 바다와 같이 깊고, 넓었으며, 천문지리에도 다양한 지식이 있었다. 특히 글의 해독(解讀)은 누구보다도 뛰어났으며, 언변이 청산유수로 달변이었다. 손위 누이가 다산 정약용의 맏형 정약현과 혼인하였다.

새로운 진리를 찾아서

1769년경에 학업을 더 닦으러 고향 포천을 떠나서 경기도 광주시 동부면 배알미리(현재 하남시 배알미리)에 정착하였다.

광암이 정착한 곳은 강 건너 광주군 초부면 마현리 마재(현재 남양주시 조안면 능내리)에는 누이가 살고 있었고, 남한강 방향에는 양근(현재 양평군)에는 스승 녹암(鹿庵) 권철신(權哲身)이 후학을 양성하고 있었다. 경안천을 따라가면 이벽이 공부하던 천진암(天眞庵)과 주어사(走魚寺)가 있고, 한양으로 가는 교통이 편리한 뱃길이 있어서 정착한 것으로 추정된다.

닫힌 조선의 문

이벽이 태어난 1750년대는 임진왜란과 병자호란을 겪으면서 나라의 곳간은 텅텅 비었고 백성의 삶은 몹시 힘들고 어려웠다.

박제가(朴齊家)가 영평 현감으로 있을 때 임금님께 올린 진북학의(進北學議)에 보면 '십 년 넘은 해진 솜옷을 입고 있으며, 집은 허리를 굽혀야 들어갈 수 있사온데 연기에 그을었고 흙으로 바르지 않았으며, 먹는 것은 깨진 주발에 밥을 담았고 반찬은 소금도 치지 않은 나물이 전부였다고 하였다'.

정약용이 1795년(정조 19년)에 쓴 '굶주리는 백성들'에서는 '초목과 같은 우리네 인생, 물이며 흙으로 연명한다네….'라는 글에서 보듯이 백성의 삶은 피폐하였다.

이벽은 백성이 살 사고 나라가 부강하여야 한다는 신념과 성리학에서 벗어나 더 큰 진리를 찾고자 개혁적인 북학파 선비인 박제가 등과 어울려서 청나라로부터 들어오는 천주실의, 칠극과 같은 정신 수양 서적과 천문, 지리를 담은 전문 서적을 탐독하였다. 이벽은 서학西學의 학문에서 새로운 진리를 찾게 된다. 그것은 천주교라는 신앙이었다.

천주의 존재를 알리다.

1779년에 광주시 퇴촌면 앵자봉(鶯子峰) 자락에 있는 천진암(天眞庵)과 주어사(走魚寺)에서 스승 녹암 권철신이 10대 후반에서부터 20대 초반 선비와 강학회(지금의 세미나의 형태)를 열고 있었다.

강학회에 관한 내용은 정약용이 스승 권철신 「녹암 묘지명」에 기록되어 있다. '기해년(1779) 겨울에 천진암과 주어사에서 강학을 했다. 눈 속에 이벽이 밤중에 이르자 등촉을 밝혀 경전을 담론했다. 7년 뒤에 비방이 생겨났다. 이른바 성대한 자리는 두 번 갖기가 어렵다는 것이다'라고 되어 있다. 이 내용은 이벽이 서학(西學)과 천주교(天主教)에 대해서 처음으로 깊고 자세하게 설명하여 서학을 학문에서 종교로 승화시켰다고 본다. 우리가 믿고 있는 상제(上帝)와 천주교에서 이야기하는 상제(上帝)는 다르다고 설명하였을 것으로 풀이된다. 7년 뒤 비방은 1785년에 발생한 을사추조적발사건(乙巳秋曹摘發事件)을 의미한다.

운명과 숙명, 그리고 실천

1783년(정조 7) 수표교로 거처를 옮긴 이벽은 평소에 기특하게 여기던 평창이씨인 만천(蔓川) 이승훈 진사(進士)가 동지사 서장관으로 가는 아버지 이동욱(李東郁)을 따라 청나라에 가는 것을 알게 된다. 이벽은 이승훈에게 "북경에는 천주당이 있고, 그 천주당에 서양 선비인 선교사가 있으니 자네가 찾아보고 믿을 만한 경전 『신경(信經)』 한 부만 구해달라고 해보게. 아울러 세례를 받기를 청한다면 그 서양 선비는 크게 사랑할 것이니, 반드시 기이한 물건과 좋은 장난감 완호(玩好)를 많이 얻어 가져오되 그냥 오지는 말게." 하였다.

이승훈은 이벽이 알려준 대로 서학(西學) 서적을 구하기 위해 북경 북천주당(北天主堂)에 찾아갔다. 그곳에서 천주교를 접하고 교리를 받고 이듬해 예수회 신부 그라몽 - 양동재(梁棟材) 신부에게 세례를 받고 조선 돌아와 한국 최초의 천주교 신자가 되었다.

세례식이 처음으로 열리다

1784년(정조 8) 봄에 이승훈이 베드로라는 세례명을 받고 와서 이벽에게 여러 가지 천주교 서적과 성물을 전달하고 현재 서울 중구 수표교 인근에 있는 이벽의 집에서 이벽에게 요한 세례자라는 세례명으로 세례를 준다. 조선에서 처음으로 천주교 종교의식인 세례식이 이루어졌다. 우리나라는 공식적으로 1784년을 한국천주교 창립일로 기념하여 지내고 있다.

정조 9년, 1785년

천주교 신자가 급속도로 늘어나자 이벽의 집은 좁아서 종교의 집회를 하기가 어려워 중인계급은 역관(譯官) 김범우(金範禹) 토마스 집으로 집회 장소를 옮긴다. 그 장소는 서울 중구 명동성당 근처 장악원(掌樂院) 자리이다.

봄날, 김범우 토마스 집에서 이벽이 좌장이 되어 종교 집회를 열고 있었는데 포졸들이 들이닥쳐 집회에 참석한 사람을 관아로 잡아갔다. 양반집 자제들은 다 석방하고 역관 김범우만 형벌하고 귀양을 보내는 것으로 조용하게 마무리되는 것 같았는데 명문대가 양반집 문중은 법보다 더 무섭게 그들에게 가혹하였다.

새로운 진리, 한 알의 밀알이 되다

조선의 경제를 걱정하는 이벽은 청나라로부터 들어오는 수많은 전문 서적을 읽다가 새로운 참된 진리와 평등사상이 있는 천주교 진리를 찾게 된다. 척박한 조선 땅에 복음의 씨앗을 뿌리고 꽃이 피는 것을 보지도 못한 채 31살 꽃다운 나이에 목숨과 신앙을 바꾼 우리나라 첫 번째 신앙인이 되었다. 그리고 그가 태어난 포천에 묻혔다.

▣ 이벽에 관한 기록과 자료

◉ 『조선왕조실록(朝鮮王朝實錄)』

▶ 순조 1년 3월 11일

사간원 정 6품 이의채(李毅采)가 상소하였다. 대략 이르기를, "아! 저 이벽이라는 자는 사악한 무리들 가운데에서도 가장 큰 괴수가 되는 자로서 여러 역적들의 잔술에서 남김없이 낭자하게, 드러났는데,"

-중략-

"그 형 이격李格은 사학 괴수의 형제로서 아직도 대궐에서 지키는 반열에 있으므로, 사학의 괴수 이벽의 형 이격에게 벼슬을 빼앗고 제 고향으로 쫓아 보내는 법률을 먼저 시행해야 할 것입니다…."하였다.

▶ 순조 1년 3월 15일

유경(柳畊)이 상소하였는데, 대략 이르기를, "만약 사학(邪學)의 거괴(巨魁)를 논한다면 이벽(李檗)이 바로 그 사람인데, 이벽의 형 이격(李格)은 아직도 조정의 관직 명부에 들어 있고 도성 안에서 편안히 거처하고 있습니다. 벼슬을 삭탈하고 고향으로 먼 지방으로 보내는 것이 마땅하다고 생각합니다…."라 하였다

◉ 사찬 자료

▶ 황윤석 『이재난고』 권 38, 병오(1786) 5월 5일

이벽이란 사람이 있는데, 어려운 글 열 줄을 한눈에 내려 보면서 비호같이 해석하며, 눈 하나로는 위를 보고 다른 하나로는 아래를 볼 수 있고, 눈 하나로는 왼쪽을 보고 다른 하나로는 오른쪽을 볼 수 있다. 체력이 누구보다도 뛰어나 한 번에 3회전을 할 수 있으며, 두 길을 뛰어넘을 수 있다.

▶ 성대중 『청성잡기』

백두산의 위도(緯度)

한양의 북극고도(北極高度)는 37도 15분이고 평안북도 위원(渭原)은 40도 51분이다. 예전에 이벽(李檗)에게 들었는데 백두산은 42도 남짓으로, 봉조하(奉朝賀), 서명응(徐命膺)이 그렇게 말했다고 한다.

◉ 다산 정약용 글

▶ 『여유당전서(與猶堂全書)』 1집

정약용이 16세 때인 1777년(정조 1)에 이벽의 불우함을 위로하고 그의 수행을 칭송하여 지어 준 詩이다.

음양의 운행은 불변이어도 칠요는 번갈아 폈다 말았다 하고,
멋진 나무는 봄이면 꽃을 피우나 무성한 지엽은 쉬이 변하는 법.
허둥지둥 바깥일에 쫓기다가는 남은 미련마저 하소연 못 하리.
조물주의 사랑은 편파 없으니 부귀와 영달을 무어 부러워하랴.

현인 호걸들과 의기투합하고 친지들은 모두 다정한 눈길.

일찌감치 훌륭한 덕 닦으려 노력하여 강개한 빛이 항상 얼굴에 드러나누나.

위 내용은 이러하다.

'자연의 이치는 어김이 없고 편파적이지 않아서 영고성쇠와 생사가 번갈아 반복되므로 인력으로 어찌할 수 없는 영역이다. 부귀영달도 인력으로 어찌할 수 없는 영역이니 부러워하지 말자. 그러므로 인간끼리의 문제에 관심을 두자. 미덕을 닦으면 얼굴에 강개한 기운이 드러나고, 현인과 호걸끼리는 서로 알아보는 안목이 있어서 저절로 의기투합하는 법이니 서로 친하게 정을 나누고 살자.'

▶ 『여유당전서(與猶堂全書)』 1집

정약용이 1781년 이벽과 함께 서울로 가는 배 안에서 지은 시

나무 위 꾀꼬리 나그네 배 맞아 울고
물가 촌락에 아침 연기 일어나네.
봄 깊은 양쪽 기슭에 붉은 꽃비 흩날리고
바람 잦아든 강물에 하늘 모습 비치네.
소식은 재주 높아 물과 달을 얘기했고
이응은 이름 중해 신선과 같았지.
내 재주 졸렬하여 별수 없기에

경전이나 궁구(窮究)하여 옛 성현께 보답하리.

▶ 『여유당전서(與猶堂全書)』 1집

'갑진년(1784, 정조 8, 27세) 4월 15일에 큰형수의 기제(忌祭)를 지낸 뒤 우리 형제와 이덕조(李德操, 이벽)와 함께 배를 타고 물길을 따라 내려왔다. 그 배 안에서 이덕조에게 천지조화의 시작과 육체와 정신, 삶과 죽음의 이치에 대해 들었다. 멍하고 놀랍고 의심스럽고 황홀하여 마치 은하수가 끝이 없는 것 같았다. 서울로 돌아온 뒤에 또 이덕조를 찾아가 『천주실의(天主實義)』와 『칠극대전(七克大全)』 등 몇 권의 책을 보고는 비로소 기뻐하며 서교(西教)에 마음이 쏠렸다. 그러나 이때는 제사를 지내지 않는다는 말은 없었다. 신해년(1791, 정조 15, 34세) 겨울 이후로 나라에서 서교를 금함이 더욱 엄중해지자 공은 마침내 분명히 서교와 결별하였다. 그러나 맺은 것은 칡이나 등나무처럼 얽혀 풀기가 어려운 법이어서 화(禍)가 다가옴을 분명히 알았지만, 또한 어찌해 볼 도리가 없었다. 아! 골육(骨肉)을 서로 해치면서까지 자기 몸과 명예를 보존하는 것이 어찌 그 화를 순순히 받아들여 천륜(天倫)에 부끄러움이 없는 것만 같겠는가. 후세에 반드시 공의 이 마음을 알아줄 사람이 있을 것이다.'

▶ 『여유당전서(與猶堂全書)』 제1집 「묘지명」

'계묘년(1783, 정조 7, 22세) 봄에 경의로 진사에 합격하여 태학(太

學, 성균관)에 유학하였다. 이때 주상께서 『중용(中庸)』에 관한 80여 개의 의문점을 내려 조목별로 답하게 하셨다. 이때 약용의 벗 이벽(李檗)이 학식이 넓고 성품이 고상하다는 명성이 있었으므로 함께 답변 과제를 의논하였다. 그런데 이발(理發) · 기발(氣發)에 대해 논의하였다. 주상께서 보시고 매우 칭찬하여 약용의 답변을 1등으로 꼽으셨다.'

▶ 벗 이덕조 만사

정약용이 1785년 절친한 벗 이벽이 6월에 죽었다는 부고를 듣고 그를 애도하며 지은 만사이다

신선 나라 학이 인간 세상에 내려와 신성한 풍채를 보이셨다.
날개와 깃털은 흰 눈과 달빛처럼 희어서 닭이며 오리 싫어하고,
울음소리 높은 저 하늘을 울리고 맑은소리는 이 세상에 뛰어나다.
갑자기 가을 되어 날아가시니 애 닯아 탄식한들 무슨 소용이 있으랴

▶ 중용강의보 서문

"이제 구름처럼 떠돈 지 이미 아득하여 옥음을 영원히 못 듣게 되어 진작 질문할 곳이 없게 되었고, 광암(曠菴)과 토론하던 해를 위로 계산해 보니 역시 벌써 30년이다. 만약 광암이 아직 살았더라면 그 진덕박학을 어찌 나와 비교할 수 있겠는가. 새로운 것과 옛것을 통합

하여 보는 관점이 아마도 환할 것이다. 한 사람은 살아있고 한 사람은 죽었으니 슬퍼한들 어찌하겠는가. 책을 어루만지니 흐르는 눈물을 금할 수가 없다." 때는 갑술년 칠월 그믐. 다산 씀.

◉ 이벽에게 남긴 박제가의 만사

-그의 깨달음에 화답하는 메아리가 없었다-

포천의 영평현감을 지낸 초정(楚亭) 박제가(朴齊家)는 이벽은 경제에 많은 관심을 가졌기도 하였지만, 천문 · 지리 · 수학과 동서남북 상하 즉, 천지의 이치와 마음의 본체를 논했으나 세상은 그의 말을 알아듣지 못해, 그의 깨달음에 화답하는 메아리가 전혀 없었다. 고 하였다.

진인(晉人)은 명리를 숭상하여서 청담으로 그 시대 어지럽혔지.
덕조는 천지 사방 논의했으나 어이 실제에서 벗어났으리.
필부로 시운(時運)에 관심을 두고 파옥(破屋)에서 경제에 뜻을 두었네.
가슴속에 기형(璣衡)을 크게 품으니 사해에 그대 홀로 조예 깊었지.
사물마다 본성을 깨우쳐 주고 형상마다 비례를 밝히었다네.
몽매함이 진실로 열리지 않아 훌륭한 말 그 누가 알아들으랴.
하늘 바람 앵무새에 불어오더니 번드쳐 새장 나갈 계획 세웠지.

살던 곳에 남은 꿈 깨어나서는 푸른 산에 그 지혜를 묻고 말았네.
세월은 잠시도 쉬지 않으니 만물은 떠나가지 않음이 없네.
긴 휘파람 기러기 전송하면서 천지간에 남몰래 눈물 흘리오.

다산 정약용과 만남, 그리고 아쉬운 이별

이벽의 누이와 정약용의 큰형 정약현과는 부부 사이였다. 그런 인연으로 둘은 어려서부터 학문적 · 종교적 동지였고 스승과 제자였다. 다산 정약용이는 정조 임금께서 내주신 중용 숙제를 이벽의 도움을 받아 1등 하였다고 기록하였고 광암이 지금까지 살아있다면 그 출중한 덕행과 넓은 지식이 나하고 어찌 비유하겠는가? 하고 중간중간마다 이것은 광암의 해석이다. 학설이다. 학문이다. 라고 중용강의보에 남겼다.

정약용은 이벽의 영향으로 유학(儒學)의 천재에서 기하원본(幾何原本), 측량법의(測量法義)와 같은 새로운 서학(西學)의 학문에 눈뜨게 되었다. 귀양살이에서도 광암 이벽을 원망하지도 않았으며, 오히려 그의 학문을 그리워하고 높이 평가하였다.

이벽이 꿈꾸던 세상은 평등과 박애였다.

기억 속의 일화들

박낙영(고 17회)

작년에 졸업 50주년 기념으로 동창들과 문집을 냈으니 졸업을 한 지가 벌써 51년이나 되었습니다. 요즈음 유행하는 노래의 가사처럼 내 나이 언제 벌써 여기까지 왔는지 실감이 안 납니다.

지금 생각해 보면 우리가 학교에 다닐 때에는 훌륭하신 선생님들이 많아서 공부도 중요하지만, 인생의 지침이 될 좌우명을 많이 전해 주셨습니다. 특히, 시청각 게시판에 '이 주일의 글과 노래'를 통해서 선생님들이 좋아하는 시(詩)와 노래를 소개하여 우리들에게 감성적인 생각을 키워주셨습니다. 김봉산 교장 선생님부터 시작해서 전교의 모든 선생님들이 돌아가면서 일주일마다 게시를 하였는데 아직도 생생하게 기억에 남습니다. 생각나는 대로 몇 편을 소개해 드립니다.

귀

장곡도 - 김봉산 選

내 귀는 하나의 소라껍질
그리운 바다의 물결 소리여!

고원의 시

김종한 - 안희룡 選

밤은 마을을 삼켜 버렸는데
개고리 울음소리는 밤을 삼켜 버렸는데
하나둘 등불은 개고리 울음 속에 달린다.
이윽고 주정뱅이 보름달이 빠져나와
은으로 칠한 풍경을 토한다.

※ 개고리 → 개구리

파랑새

한하운 - 김종수 選

나는 나는 죽어서 파랑새 되어
푸른 하늘 푸른 들 날아다니며
푸른 노래 푸른 설움 울어 예으리
나는 나는 죽어서 파랑새 되리

※ 한하운이 나병(문둥병)으로 고통을 받던 시기에 쓴 시

그 외에도 없이 많은 시와 노래가 있는데, 일일이 소개하지 못함이 아쉽기만 합니다. 특히, 졸업 앨범에 선생님들이 한 말씀들은 내가 살아가는데, 크나큰 도움이 되었습니다.

나는 길이 만들어진 곳으로 가지 않고 길이 없는 데로 가서 발자취를 남기리라.

- 김봉산 교장 선생님

많은 일을 처리하는 가장 빠른 방법은 별 것이 아니라 한 가지 일부터 처리하는 것이다.

- 김동환 교감 선생님

세상은 편리한 것이다. 그러나 내용은 반드시 형식을 통하여 전달되는 것이다

- 이기태 선생님

배워도 생각하지 않으면 노고를 잃고 생각해도 배우지 않으면 위태롭다.

- 김인규 선생님

잠 못 이루는 자에게는 밤이 길고 고달픈 자에게는 한 걸음도 멀며 무지한 자에게는 인생이 지루하다.

- 노혜자 선생님

나는 살려고 하는 생명들에게 둘러싸인 살려고 하는 생명이다.(시바이처)

- 이성길 선생님

위에 적은 것 이외에도 영어를 가르쳤던 연세가 많으신 임석순 선생님은 한국 사람이면 죽기 전에 세 군데를 꼭 가봐야 한다고 말씀하셨습니다. 우리가 흔히 소풍이나 여행을 가게 되면 생각했던 기대와는 달리 실망을 하게 되는데 금강산은 기대 이상의 명승지라고 하면서 꼭 가봐야 한다고 하셨습니다. 우리나라는 땅 위의 풍경도 아름답지만, 땅속도 아름답다면서 북한의 묘향산 동굴의 지하 세계를 보아야 하며, 마지막으로 경주에 가서 찬란했던 신라의 유적들을 보고 역사적으로도 세계적인 문화 민족임을 깨달아야 한다고 말씀을 하셨습니다.

과학을 가르쳤던 이기태 선생님은 우리에게 '똥기계'라는 별명을 붙여 주었습니다. 밥을 먹고 똥만 싸는 기계라는 뜻인데 인간으로 태어나서 하는 것도 없이 시간만 보내는 허무한 사람이 되지 말라는 교훈이었습니다.

국어를 가르쳤던 고병철 선생님은 Edelweiss가 무엇인지 모르던 우리에게 노래를 통해서 어떤 꽃인지 알게 해 주었으며, 아프리카의 킬리만자로를 주제로 시를 쓰게 하였으며, 학생들과 시화전을 함께 하면서 새로운 예술 장르를 소개해 주셨습니다.

음악을 담당했던 김기환 선생님은 지금 생각해도 가슴이 저려오는 아픈 일이 있었습니다. 음악 시간에 떠드는 아이들이 있어서 혼을 내며 야단을 치다 보니 학습 분위기가 엉망이 되었습니다. 더 이상 수업을 할 수가 없으니 자습을 하라고 하시면서 교실 밖으로 나가버리셨습니다. 음악 시간은 다른 과목과 달라서 즐거운 마음으로 공부를 해야 하는데 모두가 우울한 분위기에서 어떻게 음악이 되겠느냐고 하시면서 야단을 치셨습니다.

그 밖에도 많은 일화가 있지만 지면 관계상 줄이도록 하겠습니다. 그 당시 선생님들의 그러한 가르침 덕분으로 세상 살아가는 이치를 조금이나마 깨닫게 되고 나 역시 내 인생의 좌표로 삼게 되었습니다. 말하기는 쉬워도 실천하기는 정말로 어렵습니다. 나 자신의 좌우명을 갖고 하나씩 실천해 나가면 보람도 있고 인생이 즐거워집니다. 책을 통해서 성현들을 만나보면 인생의 지침서가 가득합니다. 스승의 은혜는 하늘 같아서 우러러볼수록 높아만 집니다.

개교 70주년 문집을 통해서나마 선생님들께 고마움을 전합니다.

숲은 생명의 근원

박찬억(고 17회)*

인간뿐만이 아니라 생명이 있는 생물이라면 자연에서 살다가 자연으로 돌아간다. 그래서 생명의 행복은 자연 속에서 자연과 더불어 천수(天壽)를 누릴 때 얻는다.

우리가 코로나19 바이러스 때문에 나름대로 고생을 많이 하고 있다. 이런 와중에 펜데믹(pendemic 감염병) 사태를 분석하고 해석하는 축은 두 가지로 이루어졌다고 볼 수 있다. 하나는 의학적인 축으로서 코로나 백신을 접종하고 치료제를 만들어 복용하는 것이고 또 하나는 코로나19 바이러스 사태에 대한 생태학적인 치유가 있는데 그 중심은 숲에 있다고 본다.

그럼 울창한 숲의 역사를 간단히 알아보자. 소나무는 배(船)를 만들기 위하여 조선시대 세종대왕이 송목금벌지법(松木禁伐之法)을 제정하여 시행하였다. 그 내용은 소나무를 베는 자는 장(杖) 80대를 친

---

* 아호(雅號) 송재(松齋), 산림교육전문가(숲해설가), 제12대 포천중일고 총동문회장, 제27대 포천시 내촌면장, 포천시 산림과장 역임, 포천시 건설도시국장 역임

다. 아마도 장 80대를 맞고 살아남는 사람은 없으므로 결국은 치유가 안 되어 죽게 된다.

그 이후에는 조선왕실에서는 임금과 왕비, 왕세자의 관인 재궁을 만드는 관곽제(棺槨材)로 쓰기 위하여 숙종 때는 장 80대가 100대로 상향되고 황장봉산계지(黃腸封山界之)를 지정하여 관리하였는데 관리자도 지키지 못하면 유배를 보냈다. 그 당시에는 소나무는 베지말고 참나무는 벨 수 있도록 허용하여 땔감으로 사용하였다. 그래서 500년 전의 소나무 숲이 지금까지 지켜온 것이다.

거꾸로 이러한 숲이 파괴된다면 어떨까? 각종 개발행위로 나무를 베면 숲속에서 안정적으로 평온하게 살고 있던 동·식물, 미생물 등 각종 생명체들은 포기하지 않고 다른 숙주로 이동하여 코로나19 바이러스를 사람에게 모여들게 됨으로써 병이 발생한다.

『채근담(菜根譚)』은 "물고기는 물을 얻어 헤엄을 치건만 물을 잊고(魚得水逝而相忘乎水), 새는 바람을 타고 날면서도 바람이 있음을 모른다(鳥乘風飛而不知有風)"고 말한다. 그렇다 행복의 참맛은 바로 여기에 있다. 물고기는 물 없이는 살 수 없지만, 그 물이 오염되지 않은 맑은 물일 때 행복하고 새는 바람을 타고 날지만 오염되지 않는 맑은 바람일 때 하늘을 나는 행복을 맛본다. 그래서 고기의 행복과 새의 행복은 깨끗한 물과 바람일 때 비로소 얻어지는 행복이다.

오늘날의 지구촌은 기후 온난화뿐 아니라 오염과 공해와 쓰레기로 몸살을 앓고 있다. 산업혁명화라는 행복 속에서 스스로의 생명을 죽음의 늪으로 조여 가고 있는 것이다. 오늘날 인류의 전통과 고뇌는 바로 여기에 있다 어떻게 하면 산업화의 행복을 누리되 그 속에서 자연의 행복도 만끽할 수 있을지에 있다. 그래서 산업과 자연은 나누어진 것이 아니요, 하나의 행복이다.

이제 21세기의 행복은 '어느 나라가 맑은 물과 깨끗한 공기를 많이 가지고 있느냐', 아니 '더 많이 만들 수 있느냐'에 달려 있다. 맑은 물과 맑은 공기가 국가 생존의 뿌리이기 때문이다. 이 생명의 근원인 맑고 깨끗한 물과 공기는 바로 푸른 숲만이 가져다주는 것이다. 숲이 있는 곳에는 맑은 물이 샘솟고 생기가 치닫는 생존의 산소가 생동한다. 그래서 나무를 심고 가꾸는 사람은 생명을 심는 사람이요 생명을 오염 환경에서 살려내는 사람이다. 생명의 뿌리인 소중한 물과 산소를 만들어 내기 때문이다.

나무는 서로가 속이거나 헐뜯고 찢고 시샘하고 미워하고 오염시키지 않는다. 오직 주어진 땅에서 삶의 근본법칙을 사실대로 말해줄 뿐이다. 그래서 이제부터는 산업화 속에서 자연을 사랑하고 자연을 살리는 일이다.

예를 들어 울창한 숲이 산불이나 산사태로 인하여 폐허가 된 황폐

화된 산을 동식물 등이 생활 터전을 잡는 데는 수십 년이 걸린다. 그나마 숲을 국가적으로 사람이 지켜왔기 때문에 숲을 볼 수 있다는 자부심을 가져야 한다. 자연이 우리에게 가져다주는 혜택을 저버리지 말고 건강한 숲이 더 이상 훼손되지 않고 우리와 좀더 가까이할 수 있도록 아름다운 숲을 사랑하며 길이길이 가꾸어서 후손들에게 물려주는 정신을 길러야 한다.

부지깽이 닮은 인생

이명희(제17회)*

꿈 많았던 소녀시절 「소녀의 기도」라는 제목으로 산문시 한 편 써 보겠다고 원고지에 긁적긁적거리다가 그 꿈 못 잊어 못 쓰는 글 몇 편 써놓고 환갑 때 시집 한번? 그렇게 생각한 것이 고희가 눈앞에 있네.

학교 복도에 걸려 있던 수묵화 한 장이 눈앞에서 나를 짝사랑에 빠지게 했다. 와……. 이것이 예술이구나 생각돼서 중 · 고 시절 미술반에 입문해 미대 가고 싶어 예비고사 봤는데 보기 좋게 미끄러지고.

내가 50대가 되면 모시 한 복 입고 수묵화를 꼭 해 보리라 생각했던 것이 지금은 접근 중에 있으나, 직장 다니면서 그리자니 정신 집중이 안 돼 남의 그림 보며 대리 만족이나 하고 있고.

스포츠를 좋아해서 이것저것 즐기기만 했지, 뭣 하나 집어낼 특기가 없고.

---

* 포천시의원 역임

절이 좋아서 초딩시절부터 할머니 따라서 다녔고, 중·고교 때는 법문이 좋아 불교 서적 사나르면서 인성 공부도 열심히 했으나 심중 있게 나를 위한 기도도 할 줄 모르고.

지금껏 살아온 나의 인생살이를 들여다보니 지팡이도 안 되고 불쏘시개도 안 되는 입만 그을리는 부지깽이 닮았구나.

완두콩 꼬투리 까던 날

배상훈(고 20회)

칼퇴를 하고 현관을 들어서는데 맛있는 냄새가 거실 가득히 풍기며 코끝을 자극한다.

주방에서 분주히 무언가를 만들고 있던 아내가 반갑게 맞아주고, 자극 강한 음식 냄새에 이끌린 나는 잽싸게 옷을 갈아입고 주저 없이 식탁에 앉는다.

이미 나의 귀가 시간을 익히 알고 있는 아내는 일찌감치 식탁에 음식을 차려내고 있었다.

식탁에 올라 온 음식들을 보노라니 대부분 평소의 것들인데 새롭게 올라온 음식 하나가 눈에 들어온다.

아! 저것이 조금 전 나의 후각을 흔들었던 장본인이구나.

김을 모락모락 피워 올리며 먹음직스럽게 커다란 접시에 담겨 올라 온 음식은 다름 아닌 코다리찜이다

평소에도 가끔씩 해주던 음식이라 낯설지 않은데 반짝반짝 윤이 나듯 우아하게 올려진 코다리찜은 오늘따라 유난히 맛깔스럽게 보이며 구미를 당긴다.

한 젓가락 집어 입에 넣는데 아내가 맥주까지 한 잔 따라주며 더

운데 시원하게 한 잔 하란다.

이쯤 되면 남자는 본능적으로 방어 자세를 취하기 마련이다.

"고맙긴 한데 뭔 일 있어?"

"뭔 일은 요 그냥 시장 갔다가 생선가게에서 코다리가 싱싱하기에 사왔어요."

아내의 대답은 평소와 다름없다.

어느덧 식사가 끝나고 늘 하던 대로 소파에 앉아 TV 리모컨을 집어 드는 순간 "지금부터 할 일이 있어요" 등 뒤에서 날아오는 아내의 말 한마디~.

"올 것이 왔구나!"

그렇지 않아도 아까 현관에 들어설 때 현관 한켠에 놓여있던 검은색의 커다란 비닐봉지가 눈에 뜨였는데 저것인가.

언제나 불길(?)한 직감은 어김이 없다고 했던가.

아내가 나를 보고 현관의 비닐봉지를 들고 오란다.

아까부터 궁금했던 비닐봉지의 정체는 다름 아닌 꼬투리를 까지 않은 완두콩 자루였던 것이다.

예상은 했지만 선불(?)로 제공된 노동의 대가인 코다리찜은 이미 먹어버렸기에 도피 수단은 아예 없고. 가정의 평화를 위해서는 두 말 없이 완두콩을 까면 되는 것이다. 언제나처럼.

내가 열심히 완두콩을 까는 사이 아내는 주방에서 열무김치를 담그며 콧노래를 부르고 있다.

남편의 노동을 보며 신이 나는 이유는 무얼까.

"어! 완두콩이 많이 나오네."

아내는 주방과 거실을 왔다 갔다 하며 내 앞 그릇에 쌓이는 완두콩 알갱이의 양을 가늠해 보며 미소를 짓는다.

두 시간여 족히 시간이 흐르고 마지막 꼬투리를 까내는 노동의 마무리와 함께 어느덧 완두콩 까기가 완성되고, 내가 열심히 까놓은 완두콩 알갱이를 여러 개의 비닐 팩에 나누어 담으며 아내는 연신 미소를 짓는다.

"생각보다 완두콩 알갱이가 엄청 많네. 역시 내 생각이 옳았어."

아내는 오늘 낮에 시장에 갔다가 완두콩을 사기 전 선택 앞에서 많은 고민을 했던 모양이다.

그 고민의 배경은 '완두콩을 깐 것을 사느냐.' 아니면 '꼬투리째 사서 까느냐.'였는데, 각각 부피와 가격이 다른 완두콩을 놓고 '어떤 것이 효율적일까'를 두고 엄청난 고민을 하다가 아마도 꼬투리째 사서 까는 편이 더 효율적이라고 판단을 하고 과감하게(?) 꼬투리를 선택한 모양이다

"완두콩 알갱이가 이렇게 많이 나올 줄은 전혀 예상 못했네. 예상의 두 배도 넘게 나온 것 같아. 역시 내 선택은 탁월해."

까지 않은 것 한 자루 8천 원 깐 것 작은 봉지 5천 원……. 아내는 손가락셈을 해 보며 견적을 내더니 "이거 상당히 남는 장사네."한다. 자신의 선택이 옳았다는 답을 내고는 스스로 만족해하는 것이다

"내 노동의 대가는 계산 안 해. 요즘 최저임금이 시간당 얼마인데 노동시간 두 시간 잡고 최소 2만 원 가까이가 내가 까낸 완두콩 알

갱이에 녹아 있는데 그건 빼고 계산하면 어찌하나요." 이렇게 말해주고 싶었지만, 저비용 고효율이라는 계산서를 손에 들고 즐거워하는 아내의 셈법과 그것으로 얻어낸 웃음과 즐거움이란 대가에 찬물을 끼얹고 싶지 않아서 꾹 참았다.

"수고 했어요. 자기 완두콩 좋아하잖아요."

웃음에 실려 건너오는 아내의 멘트~, 아무 생각 없이 작업현장을 정리하던 나는 하마터면 속절없이 웃을 뻔했다.

역시 탁월한 아내들은 남편을 활용하는 방법을 너무도 잘 안다.

확실하지 않은 미지의 현실을 두고 도출되는 결과물의 값어치가 선뜻 가늠되지 않는 선택의 갈등 앞에서 지혜를 짜내 어렵사리 선택한 자신의 방법이 결코 옳아야만 하기에 남자들의 노동은 아내의 현명한 선택을 위한 계량의 도구인 셈인가.

내가 완두콩 까기를 마친 시간에 아내도 주방에서 김치 담그기를 끝내고 주변을 정리한 후 나란히 소파에 앉아 TV를 보는 시간~ 평소와 다름이 없는 평화로운 모습이다.

그 순간 갑자기 날아 든 아내의 말 한마디에 나의 가슴은 철렁 내려앉고야 말았다.

"내일 완두콩 꼬투리 한 자루 더 사 와야겠어요. 까서 냉동실에 보관하면 오래도록 두고 먹을 수 있으니까."

포천의 김장문화

이흥구(고 20회)

포천지역의 김장은 주로 11월 중순부터(입동 전후) 12월 초순까지 동네 아주머니들이 집집마다 옮겨 다니면서 품앗이 형식으로 진행되는 전통적인 먹거리 행사이다. 김장은 겨우내 먹을 김치를 한꺼번에 많이 담그는 일을 의미한다. 김장을 하는 날이면 추수를 마친 동네 사람들이 모여서 수육에 막걸리 한 잔씩 하면서 흥을 돋우고 이웃 간의 정을 나눈다.

김장은 배추밭에서 배추와 무를 수확하는 것부터 시작된다. 수확한 배추와 무는 아주머니들이 둘러앉아 다듬기 사직한다. 배추는 꼬랑이를 잘라내고 무는 무순을 잘라낸다. 배추꼬랑이는 아이들 간식거리와 어른들의 안줏감으로 쓰인다. 무순은 짚으로 엮어 처마 밑에 매달아 말려서 시래기가 된다.

다듬어진 배추와 무는 손수레에 실려 우물가로 옮겨져 수북하게 쌓인다. 여럿이 둘러앉아 배추와 무를 깨끗하게 씻는다. 배추는 큰 대야에 옮겨져 소금물에 절인다. 무는 마루에 옮겨져 힘 좋은 사람들이 여러 모양으로 썬다. 무채 모양으로 썰기도 하고, 깍두기용으로 정육면체로 썰기도 하고, 절임용으로 둥글게 썰기도 한다. 절인 배추는 깨끗이 씻어서 쌓여 진다.
이제는 배추 속에 넣을 버무리를 만들 차례다. 무채에 햇고춧가루, 햇기름, 젓갈 등을 버무려서 버무리를 만든다. 버무리는 김장하는 날에 준비하는 음식이다. 버무리가 완성되면 동네 사람들이 둘러앉아 배춧잎을 하나씩 들추면서 버무리를 꼭꼭 넣고 다음 배춧잎으로 덮는다. 이렇게 차곡차곡 배추 속에 버무리를 넣으면 한 포기의 배추가 김장김치로 완성된다.

김장김치는 땅에 묻힌 독에 넣어 저장한다. 시간이 지나면서 김치는 발효가 되어 인체에 유익한 효모가 생성된다. 김치는 발효식품이라서 유산균도 풍부하고 항암, 항산화 식품으로 손색이 없다. 한국 사람이 특별한 건강식품을 먹지 않고도 건강을 유지할 수 있는 비법은 김치에 있다. 잘 익은 김장김치는 잘 썰어서 접시에 담아 밥상에 올려진다. 김장김치는 찌개용으로 쓰이기도 한다. 김장김치는 보쌈용으로 쓰이기도 하고, 삼합처럼 홍어와 조화를 이루기도 한다.

김장김치는 우리나라 음식을 대표하는 K-푸드의 대표식품으로써, 우리나라의 고유성과 정체성을 대변한다. 한국 사람들은 김치의 힘으로 생존하고 활력을 찾기도 한다. 한국 사람이 외국에 나갈 때에는 김치를 빼놓지 않는다. 운동선수가 김치의 힘으로 리듬을 유지하면서 좋은 성적을 내기도 한다. 외국에 나간 사람들은 김치의 효능으로 몸의 균형을 유지한다.

인접 국가도 김치의 효능을 알아채고 모방하려고 한다. 중국에서는 김치를 중국의 전통 음식으로 주장하는 경우가 있다. 중국에도 여러 가지 발효된 야채 음식이 있으며, 이 중에는 배추와 유사한 야채를 사용하여 만드는 음식도 있다. 배추를 이용한 절임채소 '파오차이'가 중국김치라며 한국식탁에 올려지기도 한다. 그러나 파오차이는 한국 김치와는 다른 제조 방법과 맛을 가지고 있어서 한국 김장김치와 비교할 수 없다. 김장김치는 세계에서 독보적인 음식문화라고 할 수 있다.

김장문화는 향토성을 갖는다. 지산지소(地産地消)라는 표현이 있듯이 포천에서 생산된 배추와 무를 활용하여 포천에서 생산된 식자재와 혼합하여 포천 토양의 맛을 만들어내고 있다.

김장문화는 협동성을 갖는다. 김장을 할 때쯤이면 이웃 사람들이 당연히 함께 참여하여 음식을 만들고 함께 즐긴다. 김장문화는 공동체 정신이 배어 있는 품앗이 문화이다.

김장문화는 나눔문화이다. 김장을 할 수 없는 처지에 있는 사람들에게 김장김치를 나눠주는 문화가 정착되어 있다. 해매다 김장철이면 봉사단체가 연례행사처럼 김장을 해서 배분하는 행사를 진행하고 있다. 김장문화는 더불어 함께 잘 사는 미풍양속이다.

김장문화는 전통문화이다. 김장을 하는 것은 우리만의 고유성과 전통성을 지니고 있다. 단순히 음식을 만드는 차원을 넘어서 공존과 평화를 함께 만드는 자랑스런 전통이다.

군(軍) 생활은 나의 천직

유장현(고 22회)

▣ 군(軍) 생활과 첫 인연

1976년 고등학교 3학년 가을 어느 날, 고등학교 정문 근처 게시판에 붙어있는 "전투 조종사 양성의 요람, 공군 제2사관학교 사관생도 모집" 팜플렛….

당시 고등학교 3학년 2학기를 보내고 있던 나는 고등학교 졸업 후 진로와 관련하여 많은 고민과 갈등을 갖고 학교생활을 하고 있었다. 집안 사정으로 대학교 진학은 꿈도 못 꾸던 나는 고등학교 졸업 후 포천 관내에서 공무원 생활을 할 것인가? 아니면 서울 등 도심지로 나가서 직장생활을 할 것인가? 직장생활을 한다면 무슨 일을 할 것인가? 등으로 복잡한 생각을 하고 있었다. 집안 형편상 중·고등학교에 다니면서 농사일을 많이 도왔던 나는 농사일은 나하고 적성이 맞지 않는다고 생각하였기에 포천 관내에서 공무원 생활을 하더라도 시골집에서 생활한다면 농사일을 돕지 않을 수 없는 상황이므로 결론은 일명 탈 하우스(시골집을 떠나는 일)였다.

그러던 차에 눈에 들어온 공군 제2사관학교 사관생도 모집공고는 구세주와 같은 존재였다. 나는 몇몇 친구들과 함께 그곳을 지원하였고, 제일 먼저 조종사 양성 목적에 맞는 정밀 신체검사를 받았으며, 이를 통해 함께 지원했던 친구들은 정밀 신체검사를 통과하지 못하고 나 혼자서만 정밀 신체검사에 이어서 필기시험, 체력검정, 면접 등을 통과하여 최종합격을 하였으며, 다음 해(1977년) 고등학교 졸업 후 약 2주 후인 2월 1일부로 공군 제2사관학교에 입교하였다.

▣ 현역 장교로 29년 1개월 근무

공군 제2사관학교에 입교하여 2년여간 대학교육 과정과 군사훈련 등을 받고 초급대학교 졸업 인정과 함께 공군소위로 임관하여 공군 장교생활을 시작하였다. 참고로 생도생활 중 항공기 조종교육을 받았으나, 적성이 맞지 않아 중도에 하차하게 되어 전투조종사의 꿈을 접고, 방공무기통제 병과를 부여받고 일반장교로 임관하였다.

임관 후 29년 1개월간 전후방부대에서 공군 장교로 군 생활을 하였고, 방공무기통제 병과에 맞게 망일산(충남 서산), 의상봉(전북 부안), 수리산(경기 안양), 일월산(경북 봉화) 등 격오지 지역 레이다 싸이트와 오산·대구비행장, 성남·백령도 등 전·후방 부대에서 근무하다가, 우리 나이 51세인 2008년 4월 30일부로 공군 중령으로 전역하게 되었다. 그러니까 생도 생활 2년 2개월을 포함하여 총 31년 3개월간 군 생활을 한 것이다. 현역으로 군 생활하면서 기억에 남는 것은 소령에서 중령으로 진급하여 사령부의 여러 예하 부대 중 하나인 백령도부대의 지휘관(부대장)으로 부임하여 생활하였던 일과 사령부 예하 교육단장으로 근무하면서 부대에 전입온 병사들과 신입 간부(장교, 부사관, 군무원)들의 기본 기술교육 책임자로서 임무를 수행한 일 등이다. 또한 공군 제2사관학교 졸업으로 초급대학교 졸업 인정을 받을 것을 바탕으로 성균관대학교 경영학과 3학년에 편입학하여 주경야독으로 대학교를 졸업한 일이다.

나는 공군장교였지만, 공군부대에서는 소위부터 대위 중반까지 약 8년 정도 근무하다가, 이후에 육·해·공군 장병과 군무원이 합동으로 근무하는 국방부 직할부대로 전출을 가서 약 21년간을 대위, 소령, 중령까지 근무하였고, 이어서 군무원 3급과 2급으로서 10년간을 추가로 근무하였다. 그 부대는 군무원이 현역 간부(장교, 부사관)보다 더 많아서 군무원 9급부터 1급까지 정원만 1,000명이 넘어서 군무원 상위직 중 3급(부이사관)도 10여 명, 2급(이사관)도 4명이 있는 규모가 큰 부대였다.

▣ 군무원으로 10년간 추가 근무

전역을 1년 4개월 정도 남겨놓은 상태에서 전역 후의 직업을 알아보던 중, 약 21년간을 근무한 국방부 직할부대에서 2007년 1월 중순경 중령 출신을 대상으로 군무원 3급(부이사관) 1명을 경력 채용한다는 계획이 공고되었다. 당연히 나를 포함하여 부대 출신 중 대령 진

급을 하지 못한 중령 다수가 지원하였고 2007년 4월 말경 경력 채용 필기시험을 보았다. 당시는 3급 직위 1자리를 놓고 중령 출신 5명이 응시하였고, 필기시험 성적순으로 나를 포함하여 2배수인 2명이 합격되었으며, 면접을 거쳐 최종 1명을 선발하게 되어있었다.

2명 중 다른 1명은 해병대 중령 출신이었는데, 필기시험 성적과 그동안 부대에서 담당했던 업무수행 경력 등에서 내가 더 우수하다고 평가를 받았었기에 면접 결과도 무난할 것으로 생각하고 준비하여 면접에 임하였다. 그러나 결과는 2007년 6월 최종 합격발표에서 해병대 출신 중령이 군무원 3급(부이사관)에 선발되었다. 필기시험을 고 득점하여 1등으로 합격하였고, 부대에서 담당했던 업무수행 경력도 상대적으로 우수했던 내가 면접에서 탈락하여 억울한 생각도 들었지만, 결과에 깨끗하게 승복하고 다른 취업자리를 알아보고 있던 그해 겨울(2008년 1월) 부대에서 또다시 군무원 3급 경력 채용 계획이 공고되었다.

그래서 다시 시험준비를 하였고, 2008년 4월 필기시험을 치렀는데, 2007년도와 달리 필기시험의 난이도가 높아져 응시자 4명 중 나를 제외한 3명은 1과목씩을 과락하여 모두 떨어지고, 나만 필기시험에 합격하는 행운을 얻었다. 시험이 어려웠던 것이 나에게는 행운으로 작용하였다. 참고로 군무원 3급(부이사관) 경력 채용 필기시험은 전문지식을 평가하는 3과목의 시험을 치뤘는데, 합격조건은 과락(40점) 없이 평균 60점 이상자 중에서 고득점순으로 채용 공석 1자리당 3배수를 합격시켜놓고, 그 인원들을 대상으로 면접을 통하여 최종 1명을 합격시켰다. 그런데 필기시험을 단독으로 합격하니 면접도 혼자 응시하여 무난히 최종합격을 하였으며, 2009년 1월 1일부로 군무원 3급(부이사관)으로 임용되어 그 부대에서 현역 중령과 동등한 직책(보직)과 대우를 받으며 여러 부서의 과장과 파견단장 직책으로 근무하였다.

▣ 군무원 3급(부이사관)에서 2급(이사관)으로 승진

군무원 3급(부이사관)으로서 임용된 후 4년이 경과한 2013년 11월, 군무원 2급 승진심사를 받았다. 그동안 정체되었던 군무원 2급(이사관) 승진 공석이 그해에 1개가 나왔으며, 여러 승진 대상자 중에서도 2007년 군무원 3급 경력 채용 시 면접에서 나에게 석패를 안겨주고 나보다 1년 먼저 군무원 3급으로 임용되었던 해병대 중령 출신자와 최종 경합을 벌였는데, 그 당시 최근 몇 년 동안 나는 차후 2급(이사관) 승진심사 시에 그 사람한테 또다시 석패를 당하면 안된다는 절박한 심정으로 개인자력관리는 물론이고 업무도 최선을 다해서 수행하면서 관리를 해왔다. 그 당시의 승진심사는 그동안의 근무성적과 업무수행능력도 중요하지만, 혈연 · 지연 · 학연 등 개인적인 인맥과 친분관계에 더 많이 좌우되어(앞에서 언급한 면접도 동일한 양상이었음.) 나에게는 유리한 점이 없는 것이 사실이었다. 그러나 다행스러운 것은 사령관(육군 소장)과 심사위원장을 맡은 참모장(육군 준장) 모두 승진심사 여러 요소 중에서 업무수행 능력과 성과를 최우선으로 고려해야 한다는 심사방침을 갖고 있었기에 내가 군무원 2급(이사관)으로 무난하게 승진하게 되었다.

2014년 3월 1일부로 군무원 2급(이사관)으로 승진한 후에 현역 대령과 동등한 직책(보직)과 대우를 받으며, 사령부 처/실장과 교육단 단장 직책 등을 수행한 후 2018년 12월 31일부로 만 60세에 정년 퇴임을 하였다. 군무원으로 10년간 근무하면서 기억에 남는 것은 사령부 감찰실장으로 근무하면서 부대원들의 공직기강 확립과 부정/비리 근절 예방활동에 앞장섰던 일과 현역 중령 기간에 한 번 경험했던, 교육단 단장 직책을 군무원 2급으로 또 한 번 수행했던 일인데, 내가 중 · 고등학교 시절에 장래 희망이 선생님이 되는 것인데, 대학교 진학을 못하여 선생님은 못되었지만, 군생활하면서 후진을 양성하는 교육단장(중 · 고등학교의 교장 또는 대학교의 총장처럼 교육기관의 책임자)을 두 번씩이나 하게 되어 선생님의 꿈도 간접적으로 이뤘다고 생각한다.

▣ 국가와 군(軍)에 늘 감사하는 마음으로 생활

그래서 나는 1977년 1월 고등학교 졸업 후 1977년 2월 1일부로 공군 제2사관학교 입교를 시작으로 1979년 4월 1일부로 공군소위로 임관한 후 2008년 4월 30일부로 공군중령으로 전역, 그리고 2009년 1월 1일부로 군무원 3급(부이사관)으로 임용, 2014년 3월 1일부로 군무원 2급(이사관)으로 승진 후 2018년 12월 31일부로 군무원 2급(이사관)으로 퇴임하기까지 약 41여 년간 군 생활을 하였다.

군 생활을 하면서 결혼하여 가정을 이루어 자식(아들 · 딸 각 1명)을 낳아 대학교까지 교육시키고 모두 출가시켰다. 또한 다른 사람들처럼 자택 마련을 하는 등 국가와 군으로부터 많은 혜택을 보았다고 생각하고, 장기적으로 직업군인/군무원 생활을 한 사실에 대해 많은 자부심을 느끼며 국가와 군대에 대해 항상 감사하는 마음을 갖고 있다.

군무원 퇴임 후에도 군생활을 통해 익히고 몸에 밴 규칙적인 생활 습관을 유지하며 군생활하면서 주경야독으로 취득한 자격증을 활용하여 직업을 갖고 일도 계속하며 틈틈이 운동을 통한 건강관리를 나름대로는 잘하면서 지내고 있다.

내가 포천일고를 22회로 졸업(1977년 1월) 하였는데, 개교 70주년이 되었으니 고등학교를 졸업한 지도 벌써 47년이 다 되어간다. 감회가 새롭고, 학창 시절의 추억이 새록새록 떠오른다.

포천일고 개교 70주년 기념문집을 작성하기 위한 총동문회장님의 원고 요청으로 내가 철 지난 군 생활 이야기를 글로 써보았다. 나한테는 너무나도 소중하고 자랑스러운 군생활 이야기지만, 군인 출신이 아닌 다른 동문들이 볼 때는 식상한 점도 있고, 부족한 점도 많을 것으로 생각된다. 많은 이해와 선처를 부탁드립니다. 그리고 이글을 끝까지 읽어주신 포천일고 총동문 여러분께 진심으로 감사의 인사를 올립니다. 감사합니다.

일본에서의 일년 반을 돌아보며

김덕진(고 23회)

2010년 1월, 일본어도 할 줄 모르는 내가 일본 야마나시현 호쿠토시에서 파견근무를 시작하였다. 포천시와 호쿠토시가 자매결연을 맺고 상호 인적 교류를 하기로 하면서 첫 번째 파견근무자로 선정된 것이다. 파견근무자를 5급 사무관 중에서 선발하기로 하고 지원자를 물색하였으나 아무도 나서는 사람이 없었다. 그도 그럴 것이 호쿠토시는 아무런 정보도 없는 생소한 지역인데다가 언어도 통하지 않고, 혈혈단신으로 1년이라는 긴 세월 동안 외국 생활을 해야 했으므로, 엄두를 내지 못하는 것은 어찌 보면 당연한 일이었다. 파견근무자를 찾지 못하자 결국 나에게까지 파견근무 제안이 왔다. 어느 정도 예상한 일이라 수락을 하고 파견 준비를 하나하나 해 나갔다. 나는 보기와는 달리 새로운 일, 환경에 대한 두려움이 없는 편이다. 우리 포천에도 많은 외국인들이 와서 살고 있고 그들 또한 한국어를 모르는 상태로 이 낯선 곳에서 지낸다. 당연히 어려움은 있겠지만 다들 잘 지내고 있는 듯하다. 그러니 나라고 외국생활을 하지 못할 이유가 무어냐는 생각으로 흔쾌히 받아들인 것이다.

파견이 확정되고 나서 일본어 공부를 시작하였다. 대진대 평생교육원에서 일본어 강의가 있어 퇴근 후 야간수업에 참여하였다. 일본어는 어순이 우리와 같고 한자를 섞어 사용하기 때문에 영어보다는 수월하게 배울 수 있을 것이다. 시간이 별로 없었던지라 문자를 익히고 인사 정도나 나눌 수 있는 만큼 공부를 하고 일본으로 떠났다.

일본 호쿠토시는 야마나시현의 최북단에 위치한 전형적인 농촌마을로 외국인이 거의 살지 않으며, 한국인도 만나기 힘든 지역이다. 호쿠토 시청에도 한국어를 할 줄 아는 사람이 한 명도 없어 일본어가 익숙해지기 전까지는 컴퓨터 번역기를 이용하여 의사소통을 하였다.

파견 초기 3개월간은 오전에는 학원에서 일본어를 공부하고 오후에는 사무실에서 일본의 문화를 배우고 자료수집 등을 하면서 지냈다. 호쿠토 시내에는 일본어 학원이 없어서 인근 현청(우리의 도청과 같은 곳)이 있는 고후시까지 버스와 기차를 갈아타면서 다녔다. 학원은 세계 각국에서 유학 온 학생들이 대부분으로 10대, 20대 젊은이들이라 이들과 함께 공부를 하니까 과거 학창시절로 돌아간 느낌이었다.

학원을 다니면서 일본 생활에 익숙해지기 위해 새로운 곳들을 많이 찾았다. 점심도 단골 식당을 정하지 않고 다양한 식당들을 찾아다녔다. 일본식당은 우리와 달리 개인별로 요리가 나오기 때문에 혼자 다녀도 아무런 불편함이 없었다.

숙소는 시청에서 걸어서 20여 분 걸리는 지역에 위치한 원룸을 배정받았다. 취업주택이라는 간판이 있는 것으로 보아 출퇴근이 어려운 근로자를 위하여 지어놓은 듯하다. 농촌지역에 위치한 자그마한 마을 분위기가 나는 곳으로, 바로 옆에는 하천이 흐르고 주변에는 논과 밭들이 있다. 가로등이 없는 도로가 많아 밤에는 손전등을 들고 다녀야 할 정도이고 길가의 가로등도 불빛이 매우 흐릿해서 많이 어두운 느낌이다. 버스도 하루에 몇 번 안 다니고 그마저도 초저녁에 끊긴다. 저녁 늦은 시간이면 어김없이 택시에 의존하는 수밖에 없다. 우리나라처럼 밤늦은 시간에 활동하는 사람들이 거의 없어 보인다. 다들 퇴근하면 일찍 집으로 돌아가서 가족과 함께 오붓한 시간을 보내는 분위기인 듯하다.

파견 초기에는 사무실에서 점심을 먹을 시간이 없어서 일본의 점심 문화에 대해 몰랐다. 하루는 학원에 가는 날이 아니라 하루종일 사무실에 있었는데 점심시간이 되니 다들 자기 자리에 앉아 도시락을 꺼내 먹는다. 사무실 전등도 소등하고 민원인 방문도 없다. 도시락을 미처 준비 못한 나를 위하여 국제교류 담당공무원이 외부 식당으로 함께 가주어 식사를 했다. 남에게 과도한 친절이 폐를 끼칠지도 모른다는 우려감에서인지 우리처럼 함께 식사하자는 얘기도 안 하는 문화이다.

3개월간의 일본어 학원 수업이 끝나고 본격적으로 사무실 근무를 시작했다. 일본어를 배우는 단계인지라 그들의 업무 일부를 맡아서 하지는 않았다. 그들이 일처리 하는 것을 도와주면서 참고가 될 만한 자료는 챙겨서 주요 부분을 번역 정리하고 이를 포천시로 보내어 업무에 참고하도록 하였다. 행정업무를 처리하는 방식은 우리나라가 많이 앞서 있는 듯하다. 아주 오래전에 없어진 출근부도 아직 사용하고 있고 결재도 서명이 아닌 도장으로 날인한다. 업무처리는 철저하게 매뉴얼대로 하고 매뉴얼에 없으면 상황에 맞는 매뉴얼이 만들어질 때까지 기다린다. 그래서인지 돌발 상황에 대한 대처가 어렵다. 긴급한 상황이 발생하면 현장에서 상황에 맞게 조치하면 될 것을 매뉴얼을 찾고, 매뉴얼이 없으면 상황을 타개해 나가기가 어렵다.

일본에서의 생활이 어느 정도 익숙해지고 직원들과도 많은 교류를 하면서 한국어 강의를 시작하였다. 한류의 영향인지 한국어 강좌는 상당한 인기 속에 진행되었다. 하루 일과가 끝나고 퇴근하기 바쁠 텐데도 주 2회 강의에 15명 내외의 인원이 참석한다. 강의 교재는 직접 만들어서 나누어 주었다. 한국에서 구입한 교재와 일본 서점을 다니면서 일본인들이 조금 더 쉽게 배울 수 있도록 수강생들의 수준을 고려하여 제작하였다. 어느 나라나 외국어를 배우는 것이 쉽지는 않겠지만 포기하지 않고 꾸준히 배운다면 재미도 있고 성취감도 있을 것이다.

일본은 철저하게 개인주의이고 타인에게 폐를 끼치면 안 되는 것이 철칙으로 되어 있다. 그래서 내가 묻지 않는 것들 청하지 않는 것들은 먼저 해주지 않는다. 많이 배우려면 내가 먼저 말을 걸고 청해야 한다. 초급 수준의 일본어 실력으로 직원들에게 먼저 말도 걸고 복도 자판기에서 커피나 음료를 뽑아 권하면서 자연스럽게 말을 걸어본다. 그들은 먼저 말을 걸거나 하지는 않지만 내가 궁금해하면 친절하게 알려준다.

한국에서 20년 넘게 한 운동이 배드민턴이다. 일본인들에게도 배드민턴이 생활스포츠일 것이므로 마을 사람들이 모여 운동하는 곳이 있을 것 같은 동네 체육관을 찾아보았다. 다행히 숙소에서 그리 멀지 않은 곳에 체육관이 있었다. 무작정 체육관에 들어가 정보를 찾아본다. 어디엔가 체육관 운영에 관한 정보를 게시해 놓은 곳이 있을 것이다. 역시나 이곳도 한국과 마찬가지로 요일별로 시간별로 사용하는 종목이 정해져 있다. 배드민턴 운동이 가능한 시간을 메모하고 그 시간에 다시 찾기로 하였다.

배드민턴 운동모임이 있는 시간에 라켓을 들고 무작정 체육관을 찾았다. 대충 분위기를 살펴보니 코치인 듯한 사람이 있어 이곳에서 운동을 같이할 수 없겠냐고 물었더니 같이 하라고 하면서 운동을 하고 있는 학생과 게임을 해보라고 권하였다. 오래전부터 하던 운동이라 학생들하고 하는 것도 꽤나 재미가 있었다.

그날 이후로도 배드민턴 운동이 있는 날이면 체육관을 찾았다. 여기도 우리와 같이 지역 동호회가 조직되어 있고 동호회 단위로 운동을 하고 있었다. 나 역시 마을 동호회 회원들과 함께 운동을 하면서 그들과도 친하게 지내게 되었다. 그러던 어느 날 읍면 대항 배드민턴 대회가 있으니 함께 나가자고 한다. 흔쾌히 수락을 하고 한동안 함께 연습을 하였다. 대회 당일 함께 출전한 선수가 제법 실력이 있는지라 어렵지 않게 게임을 따내고 우리 팀이 우승을 하였다.

6개월간의 적응 기간이 끝나고 본격적으로 업무수행을 위하여 관광과로 자리를 옮겼다. 일본의 관광산업 전반을 살펴보기 위해서다.

호쿠토시는 동경에서 2시간 거리에 위치하고 있으면서 해발고도가 높아 도시 사람들이 선호하는 휴양지와 같은 느낌을 갖는 농촌지역이면서 산간지역이라 할 수 있다. 그래서인지 도시 사람들이 별장처럼 이용하는 숲속의 집들이 자연과 어우러져 아름다운 농촌풍경을 이루고 있다.

관광과에는 공무원들뿐 아니라 호쿠토시 관광협회 직원들이 함께 근무한다. 나는 매주 주말마다 고부치사와 고속도로 휴게소에 있는 관광안내소에 나가 정보가 필요한 관광객들에게 지역 명소들을 안내해주는 일들을 하였다. 관광안내소에는 제법 많은 사람들이 찾아오고 호쿠토시에서는 보다 많은 관광객을 유치하기 위해서 각종 홍보물을 만들어 나누어 주었다. 관광홍보는 호쿠토시 지역 내에서만 하는 것이 아니라 가끔은 유동 인구가 많은 동경시내 주요 역사를 찾아 홍보하기도 한다. 신주쿠역 앞에서 하는 홍보활동에 함께 참여한 적도 있었는데 홍보 리플렛과 함께 파프리카, 가지 등 농산물을 봉투에 함께 넣어 배부해 주었다. 농산물을 홍보전단지와 함께 나누어주면서 홍보활동을 하는 것은 농촌지역의 특성을 잘 살린 아이디어인 것 같다.

일본은 지역마다 특색있는 축제들을 많이 한다. 농촌지역이다 보니 지역특산물을 이용한 축제들이 많은데 쌀 축제, 무 축제, 해바라기 축제 등과 옛날부터 이어져 내려오는 전통축제 등 다양한 축제들이 있다. 지역 축제는 주민들 스스로가 참여하여 기획과 운영 등을 분담하여 진행한다. 주민들이 주체가 되어 축제가 진행되어서인지 축제장

마다 많은 사람들이 참여하는 모습을 볼 수 있다.

일본의 축제 중 아주 특이한 축제가 있다. 야마나시현 후지요시다시에서 행해지는 불축제라는 것이다. 축제날 도로 한가운데에 장작더미를 잔뜩 쌓아놓고 저녁 무렵 불을 붙인다. 도로 한가운데에서 불기둥이 솟아오르고 길가에는 각지에서 모여든 관광객들로 인산인해를 이룬다. 일본의 3대 기이한 축제 중 하나라고 알려져 외국인 관광객들도 많이 보인다. 불기둥 주변에는 전선 줄도 있고 건물들도 즐비하다. 화재의 위험성이 클 것으로 생각되는데도 지금까지 이 축제가 이어지고 있다는 것이 참으로 특이하다.

일본은 우리가 아는 것처럼 지진이 자주 일어난다. 2011년 3월 11일 오후에 일어난 동일본 대진은 지금까지도 그 후유증이 가시지 않고 있다. 나는 동일본 대지진 일어난 그날, 일본에 있었으므로 당시의 기억이 지금도 생생하다. 건물이 흔들리고 밖으로 대피해 있었는데 흔들림이 심해서 배 위에 있는 느낌이었다. 주변 건물이 무너지지나 않을까 하는 걱정도 했는데 다행히 건물들은 무사하였다. 지진 피해가 워낙 심하다 보니 전차 운행은 멈추었고 전화도 불통이며 전기도 들어오지 않았다. 정보를 얻을 수 없으니 어떤 상황인지도 몰랐다. 일본에 있던 나는 별 걱정 없이 있었는데 한국에서 더 걱정을 많이 했다. 다들 빨리 귀국하라고 했지만, 불의의 사고로 어려움을 겪고 있는데 혼자 그 상황을 벗어나는 것은 바람직한 행동이 아닌 것으로 생각되어 지진이 일어나고도 한 달 남짓 더 머물다가 아들 군 입대하는 시기에 맞춰 일시 귀국하였다. 일본이 태평양 연안에 접해 있다 보니 지진과 태풍 등 자연재해가 많이 일어나고는 한다.

지진뿐 아니라 1년 6개월간의 일본 생활에서 많은 것들을 경험하였다. 지진이나 태풍과 같은 자연재해만 없으면 자연환경은 참 좋은 곳 같다는 생각이 들었다. 타인에게 폐를 끼치면 안 된다는 점을 어릴 때부터 배우고 익혀 쓰레기 하나라도 함부로 버리지 않고 '미안합니다.'라는 말을 입에 달고 사는 모습, 길을 물으면 본인이 가는 방향이 아니더라도 찾기 쉬운 곳까지 안내해주는 배려심 등도 갖추고 있다. 하지만 모든 것을 매뉴얼대로만 하고 먼저 배려하는 것을 꺼려하는 점 등 우리가 이해하지 못하는 것들도 많이 있다. 일본은 지구가 멸망하기 전까지는 우리의 이웃 나라로 존재하고 있을 것이다. 일본을 지구촌의 이웃 나라로서 좋은 점은 받아들이고 그렇지 않은 것들은 타산지석으로 삼아 슬기롭게 살아가야 할 것이다.

나는 어떤 가치를 추구하며 살아가고 있는가

승광익(고 23회)

❑ 현실

○ 담마기금(擔麻棄金) : 삼을 택하고 금을 버린다는 뜻으로, 하찮은 것을 택하고 귀한 것을 버림을 이르는 말로 기존에 내가 해 오던 일이나 추구해온 가치관이 문제가 있거나 잘못되었다는 사실을 발견하고도 어리석음, 자존심, 기득권 혹은 명예심 때문에 끝까지 고집(안주)하며 우기는 경우를 비유한 말입니다.

○ 욕지전생사(欲知前生事)면 금생수자시(今生受自是)요, 욕지내생사(欲知來生事)면 금생작자시(今生作自是)라.

내가 전생에 어떻게 살았는가를 알고 싶으면 오늘날 내가 살아가고 있는 모습 이것이 바로 과거 생에 내가 해온 모습의 결과다. 그리고 내생에 내 모습이 어떨 것인가? 하는 것은 바로 내 행위에 달려있다는 것이지요. 오늘의 나의 삶이 그대로 다음 생[來生]에 내 삶으로 나타난다. 그런 뜻입니다.

❑ 제언

❍자업자득(自業自得) 자기가 한 행동(선, 악의 행위)로 인해서 자기가 받는다는 의미로 내가 어떤 행위를 하느냐에 따라서 현재의 상태를 향상시킬 수 있고 퇴보하게 할 수 있습니다.

❍ 육도윤회(六道輪回) : 자신이 지은바 선악의 업인에 따라서 천도(하늘), 인도(사람), 아수라, 축생, 아귀, 지옥의 육도 세계를 윤회 전생 한다 하였습니다.

❍ 물은 답을 알고 있다.(지은이 에모토마사루/ 베스트셀러)

일례로 물은 어떻게 살아가야 할지를 명확하게 알려준다. 어떠한 마음으로 인생을 사느냐가 몸의 물을 바꾸고 변화는 몸에 그대로 나타난다.(인간은 70%가 물인 점을 생각할 때 물을 깨끗이 하면 된다) 또한 말과 생각이 물이나 다른 물질의 성질을 바꾼다는 것.

즉 긍정적인 말을 하면 그 진동음이 물질을 좋은 성질로 바꾼다. (치유파동을 만들어 낸다. 여러 가지 사례가 있음.)

❍ 가치추구 5단계

첫째 먹는 것, 둘째 노는 것, 셋째 일하는 것(직업), 넷째 배움(진리탐구), 다섯째 종교(신앙심, 해탈)이라고 어느 철학자가 말했습니다. 이는 각자 스스로가 경험을 통해 알 수 있다고 봅니다.

❑ 실천

○ 서원을 세우고 실천함.

인간은 항시 누구나 현재의 상태에서 발전과 퇴보를 할 수 있는 기회가 주어져 있습니다. 더 높은 가치를 추구하려는 향상심은 해태심과 편안히 안주하려는 마음가짐을 타파하여 생기있고 서로에게 이익된 삶을 보장해주는 종합비타민입니다.

각자 서원을 세우고 매일매일 실천을 통해 자신의 원을 성취해 간다면 모두의 기쁨이겠습니다.(하루도 빠지지 않고 100일을 지속하면 효과가 나타난다고 과학적으로 입증되었음.)

○ 신해행증(信解行證) : 목표를 이행할 때 먼저 굳은 믿음을 가지고, 그다음 이해를 하고 실천함으로써 그 속에서 목표를 증명(성취)할 수 있다 하였습니다.

면암 최익현 선생께서 왜 국혼(國魂)이신가 외 2편

양호식(고 23회)*

1945년 해방을 맞이하여 임시정부 요인들이 속속 환국을 하였다. 백범 김구 선생을 중심으로 임시정부 요인들은 환국 후 첫 번째 공식 행사로 1946. 4. 23. 청양 모덕사를 방문하여 환국고유제를 올렸다.

대한민국은 헌법 전문에 3.1운동으로 건립된 대한민국임시정부의 법통을 계승한다고 명시하고 있다. 임시정부를 구성하였던 요인들이 환국 후 공식행사로 면암 최익현 선생을 모신 모덕사에서 환국 고유제를 올린 것은 면암정신이 바로 임시정부의 근간이 되었음을 확증하는 것이다. 백범 김구 선생은 제문에서 "면암 선생께서 나라와 겨레를 걱정하심이 흩어지지 아니하여 오늘 광복이 되어 민생의 편안함이 있습니다."라고 고하였다. 면암정신이 광복을 이끌어 낸 원동력이었음을 표현한 것이었다.

대한민국은 1948년 건국 후에 불행히도 6.25전쟁을 치르게 되었다. 1953. 3. 13. 신익희 국회의장이 인솔하여 국회 차원에서 환도고유제를 모덕사에서 올렸다. 나라가 국난을 극복하고 국회가 서울로 복귀

* 제14대 포천중일고총동문회장, 전 면암최익현선생숭모사업회 회장,

하였음을 알리고자 모덕사에서 환도고유제를 올렸던 것이다. 면암정신이 건국의 정신적 기초였음을 확증하는 행사였다.

이렇듯 면암께서는 임시정부와 건국의 정신적 근간이 되신 것을 알 수 있다. 이는 면암께서 나라의 혼, 국혼(國魂)이 되신 것을 의미하는 것이다. 면암정신은 앞으로도 대한민국이 존속하고 발전하는데 밑거름이 될 것임에 틀림없다.

면암 선생의 어떤 정신이 국혼이 되는 것인가에 대해 정립할 필요가 있다. 면암최익현선생숭모사업회에서는 면암정신을 정리하여 생활에 실천할만한 덕목을 만들어 면암생활강령을 선포하였다.

우선 수기치인(修己治人)이다. 늘 수양에 힘쓰고 이웃과 사회와 인류에 공헌하는 정신이다. 면암께서는 일신(日新)을 생활화하시면서 인격의 완성을 이루시려고 애쓰셨다. 면암께서는 수신에 그치지 않으시고 백성과 나라를 위하는 경세제민(經世濟民)에 힘쓰셨다.

효제애국(孝弟愛國)하는 정신이다. 효도와 우애를 바탕으로 인류애를 가지며 나라를 사랑하고 충성하는 정신이다. 효제는 인(仁)의 근본으로서 부모에 대한 효도와 형제에 대한 우애를 기초로 인류애로 확장되는 정신이다. 효제가 사랑의 원천이고 자기 존재에 대한 감사의 근원이다. 면암의 효제정신은 대한민국의 건국이념인 홍익인간의 원류이다.

진충유기(盡忠由己)하는 정신이다. 매사에 마음과 정성과 힘을 다하고 나로 인해 세상이 변화하는 것을 인식하여 주인의식을 갖는 것이다. 충(忠)은 마음을 다하고 힘을 다 기울이고 정성을 지극히 하는 정신이다. 면암께서는 남의 탓을 하지 않고 모든 것을 내 탓이라고 하시면서 세상을 변화시키는 중심에 서 계셨다.

면학근검(勉學勤儉)하는 정신이다. 늘 배우고 익히는 것을 즐거워하고 부지런하고 검소한 생활을 하는 정신이다. 면암께서는 유학의 대학자 반열에 오르실 정도로 학문에 힘쓰셨다. 면암께서는 수불석권을 생활화하셨었다. 면암께서는 주경야독을 실천하실 정도로 부지런한 생활을 하셨고, 늘 검소한 생활로 백성의 표본이 되셨었다.

정직염치(正直廉恥)의 정신이다. 청렴하고 정직한 생활을 하며, 염치를 알아서 한 점 부끄러움이 없는 생활을 하는 정신이다. 한 점 부끄러움도 용납하지 않으시고 추상같은 잣대를 스스로에게 작용하셨다.

겸형충서(謙亨忠恕)의 정신이다. 겸손한 자세로 만사에 임하고 더불어 함께 사는 정신으로 남에게 관대하고 배려하는 마음을 갖는 것이다. 겸손하면 만사형통이므로 겸형(謙亨)이라고 한다. 인간관계의 핵심을 상대방과 같은 마음을 갖는 서(恕)를 실천하는 것이다. 서(恕)의 정신은 수평적 인간관계를 가능하게 하고 만민평등을 실현하는 것이다.

마지막으로 역행관지(力行貫之)의 정신이다. 면암께서는 지행합일을 이루셨다. 그 실천 정도는 목숨을 내놓고 힘써 행하셨으므로 그 행적이 빛나는 것이다.

면암 선생을 새롭게 조명하고 선양해야 할 관점은 면암께서 인간다운 삶을 추구하셨고, 인격 완성의 경지를 향하여 부단히 정진하신

자세이다. 면암 선생께서 애국자가 되시고 나라의 혼이 되실 수 있었던 것은 성인(聖人)이 되는 것, 즉 인격 완성에 뜻을 두고 힘써 실행하셨기 때문이다. 면암 선생은 아사순국으로써 성인의 길을 완성하신 국혼(國魂)으로서 바로 모셔져야 한다. 또한 국혼이 되신 면암정신이 품격있는 인문도시 포천의 기초임을 인식하여야 한다.

〈동문 인터뷰〉

한국병원경영의 선구자인 최대종 동문

양호식(고 23회)

한국 병원경영체계를 수립한 사람이 바로 19회 최대종 동문이다. 자랑스러운 일이 아닐 수 없다. 동문 문집의 원고를 모으면서 입지전적인 이야기를 글로 써달라고 부탁하였으나 쑥스러운 듯 보류하므로 모교 70주년을 빛내는 동문의 이야기를 싣기 위해 인터뷰를 진행하였다. 한국을 대표하고 세계에 영향력을 미치는 최대종 동문의 이야기를 담게 되어 영광으로 생각한다.

양호식 : 동문께서는 화려한 경력을 가지고 있습니다. 소개를 부탁드립니다.

최대종 : 학력은 포천초, 포천중 · 포천일고를 졸업하고 명지대학교 무역학과를 나왔습니다. 서울대 보건대학원 최고관리자 의료정책과정, 연세대학교 보건대학원 CEO과정, 싱가포르 국립의과대학 보건행정학과 연수, 연세대학교 의료원 CORE MBA를 마쳤습니다. 경력으로는 연세대학교 세브

란스병원 원무부장(강남, 신촌)과 체크업 경영본부장, 연세대학교 재단 국장, 연세대학교 의과대학 및 의과전문대학원 의학과 병원행정실무 외래교수를 역임하였고, 현재는 차의과학대학교 AI보건의료학부(보건복지행정학과) 교수, 분당차병원 종합(일반)검진센터 경영관리실장, 사단법인한국보건정보정책연구원 부원장, 서울대학교 보건대학원 HMP총동문회 사무총장, 서울대학교 총동문회 부회장을 맡고 있습니다. 저서로는 법문사에서 발간한 『병원현장의 원무행정론』이 있습니다. 병원경영분야에서 중요한 교재로 사용되고 있습니다.

양호식 : 경력을 들으면서 병원행정 분야의 독보적인 입지를 세우셨다는 생각이 듭니다. 가장 자랑스럽게 생각하는 업적은 무엇인가요.

최대종 : 병원보건의료산업은 생명산업으로서 미래산업입니다. 세계 대기업의 궁극적 사업은 생명산업으로 귀착하고 있습니다. 병원경영산업은 종전에 의사중심 체계에서 전문경영인체제로 전환하기 시작하였습니다. 병원경영이 진료중심에서 진료 외적인 서비스 중심이 되는 시기로 전환한 것입니다. 저는 병원전문 경영인으로서 서비스경영에서 한 단계 더 나아가 시스템경영으로 전환하는데 기여

하였습니다. 병원경영에 하이패스시스템을 창안하여 국내 유수 대학병원은 물론이고 동남아 중요병원에 보급하고 있습니다.

양호식 : 연세대 세브란스 병원에 입사하게 된 계기가 무엇이었는가요.

최대종 : 저는 학부에서 무역학을 전공하고 롯데그룹에 입사하였습니다. 경상대학을 나왔기 때문에 경영학도 공부하였습니다. 아내가 연세대 세브란스병원에 간호사로 재직하고 있었으므로 병원경영에 대하여 관심을 가지게 되었습니다. 병원경영이 진료중심에서 서비스중심으로 전환하여 장차 각광을 받을 것이 보였습니다. 공채시험에 합격하여 1984년 5월 1일부터 세브란스병원에서 원무행정을 맡게 되었습니다.

양호식 : 연세대 세브란스 병원에서 고속 승진을 한 비결이 무엇이었는가요?

최대종 : 우선 병원경영업무가 원하는 일이라서 즐겁게 일할 수 있었습니다. 앞으로 병원산업이 생명산업으로서 미래산업이 될 것이 보였기 때문에 주어진 일에 최선을 다할 수 있었

습니다. 진로가 명확하였으므로 공부를 재미있게 할 수 있었습니다. 연세대, 서울대 대학원 과정을 이수하였고, 병원경영에 대한 각종 세미나에 참석하여 공부를 계속하면서 이론과 실무에 관한 자료가 축적되었습니다. 이를 기초로 대학과 의사협회 등에서 강의를 할 수 있었습니다. 이론연구와 실무경험을 기초로 『병원현장의 원무행정론』을 저술하였습니다. 이 책이 병원경영의 기초교재로서 필독도서가 된 것은 이론과 실무를 융합한 결과였습니다.

양호식 : 병원경영 분야에서 독보적인 위치까기 오른 것은 특별한 근무 자세가 있었던 것으로 생각됩니다.

최대종 : 어떠한 자리나 현장에 있든지 최선을 다하여 개선하고 융합하는 노력을 다하였습니다. 바로 혁신적 자세라고 할 수 있습니다. 개선방법이 눈에 보이는데, 그냥 있지 않았습니다. 혁신은 새롭게 하는 것입니다. 또한 여러 요소를 결합하여 새로운 것을 창안하는 것입니다. 새롭게 개선하려는 노력을 지속적이고 습관적으로 한 결과 병원경영의 하이패스시스템을 창안할 수 있었습니다. 다음으로 인간관계를 중시하였습니다. 겸손과 배려, 교양과 예의, 소통과 협력, 희생과 봉사는 좋은 인간관계를 맺는데 필수적

인 자세입니다. 또한 힘든 일이 있을 때에 솔선수범하는 자세를 가지려고 노력하였습니다. 결국 좋은 인성과 심성을 가지려고 한 것이 큰 도움이 되었습니다.

양호식 : 좋은 인성과 심성은 인간답게 사는데도 반드시 필요한 요소입니다. 어떻게 좋은 인성과 심성을 함양하셨는지요.

최대종 : 겸손한 자세, 타인을 배려하는 자세, 친절하고 예의바른 자세, 먼저 다가가 격려하고 칭찬하는 자세, 다른 사람의 부족한 점을 보완해주는 자세 등이 좋은 인성과 심성을 연마하는데, 도움이 됩니다. 당장은 손해를 보고 희생을 하지만 장기적으로 뜻하지 않은 이익이 됩니다. 희생과 봉사하는 자세도 필요합니다. 저는 사람이 잘 사는 모습이 평온하고 거룩한 삶이라고 생각합니다. 평온하고 거룩한 삶의 기초는 매사에 감사하는 자세입니다. 감사하면 평온해지고, 평온해지면 겸손할 수 있고, 겸손해지면 칭송을 듣고 사회적 가치가 높아집니다. 사회적 가치가 높아지면 기회가 많아지고 많은 사람들이 모입니다.

양호식 : 좋은 학습자세를 지니고 계십니다. 후배 재학생에게 공부하는 자세에 대해 한 말씀 부탁드립니다.

최대종 : 우선 인생의 방향과 목표를 정하는 것입니다. 옛사람들은 이를 입지라고 하였습니다. 방향과 목표가 분명하면 학습을 하게 됩니다. 스스로 좋아하고 이루고 싶은 꿈이 생겼기 때문입니다. 학습에 재미를 붙이면 어느 대학에 진학하느냐가 중요한 것이 아니라, 어떤 일을 선택하느냐가 중요해집니다. 가장 중요한 것은 성적보다도 좋은 인성과 심성을 함양하는 것입니다.

양호식 : 병원경영에 몸담고 계시니까 동문분들께 건강비법을 알려주시면 고맙겠습니다.

최대종 : 우선적인 건강 유지 비결은 정기적인 건강검진입니다. 가능하면 대학병원에서 건강검진을 받을 것을 권합니다. 건강의 3대 요소는 마음과 정신, 음식과 운동입니다. 마음을 평온하게 하고 자존감을 유지하는 것이 필요합니다. 음식은 영양 소식을 권합니다. 음식 중에 설탕, 흰쌀밥, 밀가루음식을 피하는 것이 좋습니다. 운동은 유산소운동과 근력운동을 적절하게 배합하는 것이 좋습니다. 고령이 될수록 근력운동과 유산소운동을 6:4로 하는 것이 필요합니다.

양호식 : 평소에 지니고 있는 좌우명은 어떤 것인가요.

최대종 : 김수환 추기경님의 '내 탓이오'라는 말입니다. 모든 일은 자신에게서 비롯된다는 주인의식, 유기(由己)의식의 표현입니다. 잘못된 것은 자기 탓이라고 하고, 잘된 일은 타인의 덕이라고 생각하려고 합니다. 요즈음 '내탓 네덕'이라는 말도 잘 쓰고 있습니다.

양호식 : 앞으로 활동할 수 있는 시간이 많이 남아 있습니다. 어떤 계획을 가지고 계시는가요.

최대종 : 연구와 강의, 저술활동을 계속할 것입니다. 병원산업은 생명산업이고 미래산업니다. 주요 선진국의 핵심산업이 생명산업인 병원산업을 지향하고 있습니다. 병원시스템을 계속 개선, 융합해나가는 연구를 계속할 것입니다. 국제경쟁력이 있는 인재를 발굴하고 교육하는 것은 계속할 일입니다. 연구와 교육의 성과를 책으로 엮는 것도 지속할 것입니다. 지금 병원 경영과 운영에 관한 책을 집필하고 있습니다. 국내 주요병원의 시스템을 수집하여 개선방안을 찾는 내용입니다.

양호식 : 오늘 취재에 응해주셔서 고맙습니다.

최대종 : 우리 모교인 포천일고 개교 70주년에 특별히 저를 취재해 주셔서 영광입니다. 고맙습니다.

포천향학회(抱川鄕學會)를 회고하며

양호식(고 23회)

20세를 전후하여 사립포천독서실에서 공부했던 선후배들이 1985. 10. 1. 포천향학회를 창립하였습니다. 포천종합고등학교에 재학중인 후배부터 군대를 제대하고 취업을 준비중인 선배까지 다양한 사람들이 다양한 지향점을 향해 향학열을 불태우던 중 동질성과 동지애를 기초로 모임을 창립하게 되었습니다.

그 무렵 경제적으로는 넉넉하지 못하여 풍족한 생활을 하지는 못했지만 정신세계는 미래의 희망을 독차지한 듯 사기충천했고, 각자의 지향점에 도달할 수 있는 가능성에 가슴설레던 시절이었습니다. 한편 막연한 미래에 대한 도전이 항상 밝았던 것은 아니었고 답답하고 암울한 시간이기도 하였습니다.

그렇지만 어려운 가운데서도 서로 격려하고 정보를 나누고 서로 도움이 되었던 소중한 시절이었습니다. 먼저 목표를 달성한 선배가 후배에게 공부한 책을 건네주기도 하였고, 먼저 취업한 선배가 후배에게 따듯한 밥 한끼, 술 일배(一杯)를 베풀면서 격려를 해주기도 하였습니다.

시간이 지나면서 각자 꿈꾸던 목표를 이뤄 희망의 둥지를 떠났습니다. 서울법대생 1명, 사법시험 2명, 행정고시 1명, 외무고시 1명, 입법고시 1명, 법원행정고시 1명, 행정직 7급 2명, 공인중개사시험 1회 2명의 합격자를 내었습니다. 교육직, 행정직, 법원직시험에 합격하여 봉직하고 있는 회원도 배출하였습니다. 포천시의회 부의장도 배출하였습니다. 사업전선에서 CEO로 활동하는 회원도 있습니다.

지금 지난 시절을 회고해 보니 포천향학회가 대단한 모태역할을 했다는 자평을 해도 지나치지 않습니다. 각자의 꿈을 잉태하고 양육시켜 제 갈길로 날아갈 수 있는 날개를 달아준 모태였습니다. 지난 시간을 되새겨보면 포천향학회의 정신을 정리할 수 있습니다.

우선 청운(靑雲)정신이었습니다. 미래에 무엇을 할 것인지 분명하게 꿈꾸고 설계하고 실천하였던 시절이었습니다. 그 꿈은 바로 원동력이었습니다.

둘째 학습(學習)정신이었습니다. 신념을 가지고 목표를 지향하여 부단히 전진하는 도전이 있었기에 꿈을 이룰 수 있었습니다. 그 도전은 학습에 대한 열정이 기초가 되었습니다. 책을 잡지 않으면 미래를 만들 수 없다는 학습정신이 오늘의 우리를 만들었습니다.

셋째 애향(愛鄕)정신이었습니다. 고향의 품에 안겨서 미래를 꿈꾸면서 고향의 고마움을 느꼈던 시절이었습니다. 모임의 명칭에 '향(鄕)'자를 넣은 것은 바로 포천에 대한 사랑을 담으려 했기 때문입니다.

넷째 협력(協力)정신이었습니다. 곤경을 함께 헤치고 함께 나아지도록 격려하고 협력한 소중한 체험을 할 수 있었던 시절이었습니다. 더불어 성장하려는 정신으로 결합하여 선후배가 서로의 길을 찾아가도록 안내하고 힘이 되어 주었습니다.

다섯째 인고(忍苦)정신이었습니다. 우주만물이 생성되기 위하여 시간이 필요하듯이 우리들은 꿈이 이루어지도록 어려움을 참고 견뎌냈습니다. 인내는 삶을 인도하고 유지시켜주는 좋은 자양분이었습니다.

여섯 번째 수기(修己)정신이었습니다. 매일 자신을 성찰하고 마음을 닦는 절차탁마의 정신으로 자신의 그릇을 만들었습니다. 세상에 나가기 전에 자신을 갈고닦는 수기치인(修己治人)의 자세를 배웠습니다.

일곱 번째 절제(節制)정신이었습니다. 배부르지 않고 따듯하게 입지 못하더라도 불평없이 생활하는 방법을 터득한 시절이었습니다. 헝그리정신이 있었기에 현재의 모습을 만들 수 있었습니다.

여덟 번째 관용(寬容)정신이었습니다. 생활은 어렵더라도 마음만은 대해(大海)와 창공(蒼空)을 닮아 너그러움을 가질 수 있었던 시절이었습니다. 서로의 허물을 질책하기보다는 서로 덮어주고 아물게 하는 정신이 있었습니다.

아홉 번째 봉사(奉仕)정신이었습니다. 학습에 바쁜 틈을 내어 농번기에 일손을 돕기도 하였고, 후배들에게 장학금을 만들어 주기도 하였습니다.

열번째 낭만(浪漫)정신이었습니다. 계곡을 찾아 발을 담그고 막걸리를 나눠 마시고, 정기적으로 모여서 축구를 하면서 체력을 다지기도 하는 즐거움이 있었습니다. 풍류(風流)를 즐기는 정신이 있었습니다.

포천향학회의 회원들은 거의 포천일고의 선후배들이었습니다. 공부를 함께 한 기간은 1984년 후반기부터 1990년경까지 몇 년 되지 않았지만, 그 기간 동안 함께 한 노력의 결실은 대단한 것이었습니다. 다소 아쉬운 점은 그 이후에 공부하는 후배들이 끊긴 것이었습니다. 그 시절을 회고해보면 누구나 뜻을 세우고 정진하면 꿈을 이룰 수 있다는 것이 분명해집니다. 포천일고의 개교 70주년을 회고하면서 동문들이 한 시절 함께 공부하면서 놀라운 성장을 할 수 있었다는 사실을 기록으로 남기고 싶습니다.

귀로(歸路)

안수일(고 26회)*

1. 감정의 소실

민수가 각시에게 전화를 걸었을 때 선희는 매몰차게 소리쳤다. '오지마'. 각시의 매몰찬 소리를 들은 민수는 '아차'하는 놀람과 당황 그리고 충격에 빠졌다. 민수의 충격은 이번만이 아니었다. 1개월 전 민수는 아침에 각시의 체취를 느끼면서 침대에서 일어났는데 각시와 대화하는 중 자신의 몸에서 욕정의 감정이 쏙 빠져나와 연기처럼 사라지는 순간을 경험했고 깜짝 놀랐다. 어찌 인간의 자연적 감정인 칠정(七情)이 순식간에 사라질 수 있다는 말인가. 민수가 평소 들어온 얘기는 남자는 숟가락을 들만한 힘만 있어도 욕정의 상상을 한다는 말을 들어왔는데 어찌 한순간에 사라지는 놀라운 경험을 한 것이다.

민수는 너무 당황스럽고 허망한 마음을 진정시킬 수 없었다. 비록 나이가 60세가 되었다 하더라도 혈기가 아직 남아 있었고, 건강에는 이상이 없었는데 말이다. 민수는 아직까지 들어보지 못한 감정의 이

* 법무사

탈을 자신이 경험하게 되었다는 사실에 믿기지 않았다.

인간의 자연적 감정으로 七情 즉 희(喜, 기쁨), 노(怒, 노여움), 애(哀, 슬픔), 구(懼, 두려움), 애(愛, 사랑), 오(惡, 미움), 욕(欲, 욕망)을 논하는데** 이 중 구(懼, 두려움) 대신에 락(樂, 즐거움)을 쓰기도 하는데 살을 가진 지구의 생명체들은 모두 탐미적 즐거움을 경험한다. 인간이 아닌 여타 동물들은 일정한 번식기에 이러한 탐미적 감정에 이끌리게 되는데 특히 인간은 성숙한 신체를 가지게 되면 일상의 즐거움을 중 최고의 즐거움이 탐미적 행위가 아닌가. 이러한 탐미적 감정은 살의 접촉으로만 경험하는 것이 아니라 탐미적 상상만으로도 상당할 정도의 즐거움을 주기도 하는데 이는 소설에서 남녀의 탐미적 행위에 대한 묘사만으로도 뜨거운 감정을 느끼지 않는가.

민수가 일생을 살아오는 동안 이러한 감정의 소실을 순식간에 경험하게 될 것이라는 말을 들어본 적이 없었기 때문에 그 충격을 받아들일 수 없었다. 당시 민수는 향후 2~3개월 내에 처리해야할 일이 있었기 때문에 나름 긴장하고 있었는데 설상가상으로 충격적인 경험으로 정신을 가다듬을 수 없었고, 각시에게 '자기야. 자기에게 끌림이 없어져 버렸어, 1개월 후에 다시 올게'라고 말하고 각시의 집을 나오며 각시와 각시의 딸의 배웅을 받았다. 민수와 선희는 각 이혼 후 5

**칠정(七情)은 『예기(禮記)』의 「예운(禮運)」과 『중용(中庸)』에 나오는 말

년 전에 만나 서로의 집을 왕래하며 살아왔고, 각자의 자녀들과도 서로 소통하며 지내 오는 중이었다. 이후 민수의 집과 선희의 집은 포천과 일산에서 각자의 생활공간을 가지고 있었고, 1시간의 거리에 있었기에 2~3일에 한 번씩 서로의 집을 왕래하며 생활해 왔다.

2. 이유와 원인

민수는 고등학교 3학년 때 친구 이혁민의 제안을 받았다. 같은 반의 친한 친구로 매일 같이 생활하다 보니 친구의 소중함을 느끼지 못하게 되는 것 같다며 1개월 동안 서로 모르는 척하며 생활해 보자는 것이다. 그러면 자신의 친구에 대한 소중함을 더 느낄 수 있지 않을까하는 마음을 경험해 보자는 것이었다. 그래서 두친구는 1개월동안 서로 모르는 척했고, 1개월 후에 다시 말을 시작했으며, 1개월의 특별한(?) 관계적 결별은 우정을 더욱 돈독하게 만들었으며, 학교 졸업 이후에도 돈독한 친우를 간직하며 살고 있다.

민수와 각시의 관계는 친구와의 관계와는 다른 것이었지만 당시 민수가 각시에게 한 말, '끌림이 없어졌다'는 말은 '이제는 더 이상 너에게 관심이 없어졌어' 또는 '너를 좋아하지 않아'라는 말과 다름이 아니었고, 결별선언으로 각시에게 들렸을 것이었고, 달리 해석될 여지도 없었다. 매일 그리고 하루에도 몇 번씩 서로의 안부와 상황을 얘기하며 5년의 세월을 부부의 정을 나눠왔음에도 한마디의 말이 매몰찬 결별의 칼이 된 것이었다.비록 민수에게 탐미적 감정이 사라졌다고 하더라도 각시에 대한 애정이 사라진 것은 아니었다.

그러나 선희는 민수의 말을 달리 해석했다. '나는 이제 더 이상 너에게 애정의 마음이 없어'라는 말로 들렸을 것이며, 자신이 과거 전 남편이 다른 여자에게 관심을 가지게 되면서 결별을 선언했던 충격적인 경험을 다시 맞닥뜨리게 되었고, 다시 마음의 상처로 작용했을 것이다. 아니면 1개월의 기간 동안 지인으로부터 민수의 비밀에 대하여 듣고 새로운 결정을 내렸을지도 모른다.

아무튼 두 사람을 결별의 원인은 민수가 제공한 것이며, 선희의 결별선언은 당연한 이유가 되었다. 우연한 사실이 필연의 결과가 되었다.

3. 해방 그리고 자유

민수는 평생동안 자신의 지배해 왔던 감정을 사슬에서 벗어났다. 이성에 대한 강한 끌림에서 말이다. 이성에 대한 끌림은 하나님의 창조물인 인간을 포함한 지구상의 생물들에게는 당연한 것이며, 생명체의 다음세대를 이어가는 행위에 필요한 절대적. 당위적 끌림이며 인간계의 어느 누구도 이를 부인하거나 부정한 것이라고 말하지 않는다. 인간계에서는 윤리적인 관점에서 규율을 정하고, 절제를 통하여 어느 정도 통제하면서 규율의 정도를 벗어난 끌림에 의한 탐미적 행위는 규제와 처벌로 질서를 유지한다.

민수는 이성적 판단에 의하지 않고 본능과 직관.그리고 감정에 이끌려 자신을 탐미적 상상과 장소로 이끌었던 성정(性情)에서 해방되었다. 이제는 인간의 두 가지 부류 즉 남자와 여자로 구분하여 그 동안(평생) 이성에 대하여 느껴왔던 끌림의 감정을 전혀 느끼지 못하게 되었고, 인간 그 자체만을 느끼게 되었다. 이제는 탐미적 상상도 할 수 없게 되었다. 예쁜 여자를 보고도 탐미적 상상도 하지 못하게 된 것이다. 예를 들어 예쁜 여자와 하루 종일 연애를 하고 싶다는 끌림도 전혀 느끼지 않게 되었다.

이제는 탐미적 상상에서 해방되었고, 자유를 얻었다고 생각했다. 비록 탐미적 성정을 상실한 것에 대하여 충격이 컸지만, 차츰 시간이 지나면서 순화된 감정 즉 마음 챙김으로 생각를 새롭게 정립했다. 이제는 인간계의 인간을 바로 보게 되었고, 평온하고 맑은 정신으로 생활하게 되었다. 그렇다고 하여 도인의 경지에 이르게 된 것은 아니지만 노예적인 삶에서 풀려난 것은 참 잘된 것이라고 자위(自慰)한다.

4. 새로운 즐거움을 찾아서

민수는 평생 느껴왔던 탐미적 감정을 상실하면서 새로운 즐거움을 그 공간을 대신할 만한 것을 찾아야 했다. 자유를 얻었다고 하지만 무언가 허탈한 감정을 부인할 수 없었기 때문이다. 자신의 마음을 몰입할 수 있는 무엇인가 필요했고, 드디어 새로운 것을 찾았다. 독서 삼매경에 빠지는 것이다. 마음의 평온을 깨뜨리지 않고 최고의 집중 상태로 만드는 것 중의 하나는 독서이다. 독서는 자신의 무지를 깨닫게 해주고, 새로운 지식을 통해 자신을 한 단계 앞으로 나아갈 수 있도록 성숙시키기 때문에 매우 유익한 즐거움이다.

그동안 전문 서적만을 보면서 지식의 편면적 장애인으로 살아왔는데 이제는 다양한 독서를 통하여 자신의 무지를 인정하고 열심히 책에 몰입하게 되었다. 다시 책읽기의 탐미적 행위로 즐거운 시간에 빠져든다.

너무 책읽기에 집중하다 보니 어느 날 눈이 침침해짐을 느꼈다. 버스 안에서도 책읽기에 몰두하다 보니 눈이 경직되고, 초점이 흐릿해졌다. 루테인을 사서 매일 복용하는 것으로는 겨우 시력의 악화를 억제하고 있을 뿐이다. 어찌해야 할까. 새롭게 찾은 즐거움을 누릴 수 없게 될 까 두렵다. 노인들이 책을 가까이하지 않는 이유는 가까이 할 수 없게 되었기 때문이라는 사실을 이제야 깨닫는다.

5. 미련과 희망

민수가 처음 각시를 만난 곳은 각시가 고창에서 근무할 때였다. 민수의 지인과 함께 해남을 여행 중 올라오는 중에 지인의 친구가 전북 고창에서 근무 중이라며 방문하게 되었고, 지인과 선희라는 친구의 대화 속에서 선희의 말하는 소리를 듣던 민수는 선희가 하는 말들이 자신이 평소 가지고 있던 생각들임을 알게 되면서 호감을 가지게 되었고, 이후 일주일이 지난 후에 다시 해남에 출장을 갔다가 고창에 들러 선희와 함께 저녁 식사를 하였고, 그날 찜질방에서 건전한 하룻밤을 보냈다.

이후 실질적 사실혼을 유지하며 생활하였고, 5년의 세월 동안 단 한 번도 서로 의견 다툼이나 감정을 흠집 내는 일은 전혀 없었다. 어느날 아침 민수는 잠에서 깨어나 옆에 있는 각시에게 '자기야, 여기가 천국이야'라며 자신의 벅찬 감정을 말했다. 민수는 잠에서 깨어난 각시의 얼굴이 마치 아침에 일찍 일어나 자신의 부스스한 얼굴을 서방에게 보이지 않겠다며 예쁘게 화장을 하고 있는 듯한 너무도 깜끔한 얼굴로 잠에서 깨어나는 모습이 너무 신기했다. 친척들도 자신의 아침 얼굴을 보고 신기해한다고 한다.

각시는 너무도 음식 솜씨도 훌륭해서 가끔 자신의 여자 친구에게 김치 등 반찬을 만들어 주기도 하였는데 이러한 정성에 친구도 너무 각시에게 애정을 표하게도 하는 모습을 민수는 지켜보았다. 각시는 다른 사람들보다 더 환하게 웃는 모습이 너무 예쁘다고 느꼈다. 그러한 모습이 고객을 대하는 습관에게 굳어진 모습이라고 단언하는 것은 너무 가벼운 추론이다. 각시는 말소리와 소곤소곤 속삭이는 듯 말했으며 마음 씀씀이도 여느 아낙들과 비교하더라도 손색이 없을 정도의 따뜻하고 온화한 성격을 가지고 있었다. 더욱 민수의 마음을 사로잡은 것은 예쁜 얼굴이었다. 비록 민수의 주관적 생각에서 비롯된 생각일 수 있지만 실제 예쁜 것을 사실이었다. 성격, 학력, 지식, 외모, 음식 솜씨, 인간관계 등 어느 것 하나라도 흠을 잡을 수 있는 것을 전혀 없었다.

이런 각시와 헤어지게 된 것에 대하여 민수는 운명으로 받아들일 수 없었다. 각시는 평소 민수에게 다른 사람들보다 100가지 좋은 장점을 가지고 있다고 말하곤 했는데 민수의 단 한마디 말에 100가지의 장점이 허망한 것이 되었다. 사랑은 움직인다는 말이 헛말은 아니다. 굳건한 방벽이 작은 구멍하나 때문에 붕괴된 것과 같은 이치다.

민수는 당시 각시에게 오해라고 말하고 진실을 얘기할 수 있었을 것이다. 그러나 그렇게 하지 않았다. 마음이 일단 닫히면 닫힌 마음을 여는 것은 거의 불가능하다는 것이 민수의 평소 생각이었기 때문이었다. 변명의 기회를 놓침으로써 인연의 끈을 놓아버린 것이다. 만수는 다른 사람들이 참 바보스럽다고 비난해도 좋다고 생각했다.

민수는 자신이 처한 생각만으로 각시의 마음을 헤아리지 못한 채 하지 말아야 할 말을 해버린 것이다. 끌리지 않게 되었다는 말은 결별의 다른 말 표현이 되어버렸다. 어찌해야 할까. 민수는 다시 각시는 만날 날을 간절히 소망한다. 누가 한 말이 생각난다. 간절히 원하면 다시 만나게 된다고.

과유불급(過猶不及)과 중용지도(中庸之道)

김호길(고 27회)

오늘은 24절기 중에 대설(大雪)인데 새벽부터 하얀 눈이 아닌 비가 내리고, 날씨 또한 해가 뜨기 전인 12월 중순답지 않게 영상 10도를 나타내고 있으니, 우리가 살고 있는 지구(地球)가 조금 걱정이 되네요. 이게 말로만 듣던 엘리뇨 현상인가? 또한 지구 온난화(溫暖化)로 인한 영향인가? 아니면 지금까지 없던 일시적인 기후 이상(異常)인가? 앞으로 탄소 배출을 줄이기 위해서 무엇을 어떻게 해야 하나? 탄소(炭素) 중립을 위해 내가 할 수 있는 것은 무엇일까? 이런저런 걱정으로 아침부터 많은 고민을 하면서 홀연히 논어(論語) 선진편에 나오는 과한 것은 미치지 못함과 같다'는 과유불급(過猶不及)이란 문장이 떠올랐다.

"子貢問 師(子張)與 商(子夏)也孰賢고 하니 子曰 師也過하고 商也不及이라하니 子貢曰 然則 師愈與이니이까 子曰 過猶不及이니라 하다."

-『논어』 「선진」 편

"자공이 공자님께 묻기를 사(자장)와 상(자하)은 어느 쪽이 어집니까? 공자님께서 말씀하시기를 사(자장)는 지나치고 상(자하)은 미치지 못한다. 라고 하시니 자공이 말하기를 그럼 사(자장)가 낫단 말씀입니까? 공자님 말씀하시기를 '지나친 것이나 미치지 못한 것이나 같다.'라고 하시다.

나는 지금까지 자랑스런 내 고향(故鄕) 포천에서 60여 년을 살아오면서 돈이 많든 적든, 빽이 있든 없든, 누구나 평등(平等)하고 보편(普遍)적이며 타당(妥當)한 사고(思考)와 행동(行動)을 하는 것이 가장 즐겁고 행복(幸福)하게 잘 살고 이상적인 삶이라고 생각하고 살아왔는데, 요즘은 이러한 상식(常識)을 벗어나는 일들이 우리 주변에서 너무 많이 일어난다. 용돈을 주지 않는다는 이유로 자식(子息)이 부모(父母)를 죽이고, 자신을 무시했다는 이유로 아내를 죽이기도 하며, 수시로 욕하고 폭행(暴行)한다는 이유로 남편을 죽이기도 하고, 갓난 아기를 화장실에 버렸다는 믿기 어려운 사건도 있었습니다.

어디 그뿐인가요? 정치권(政治權)에서도 같은 당 대표를 물러나라고 야단법석이고, 나와 생각이 다르다고 쫓아내기도 하고, 자식 표창장(表彰狀) 하나 만들어줬다고 5년 동안 구속(拘束)하고 온 가족(家族)을 수사하며, 몇 가지 오해(誤解)가 있다고 수백 곳을 압수수색 하고도 아직도 끝나지 않은 이런 비상식적(非常識的)이고 무지몽매(無知蒙昧)한 나라가 지구상 어디에 또 있을까?

또한 외교적(外交的)으로도 걱정이 참 많다. 선진국(先進國)에 진입한다는 우리 대한민국(大韓民國)이 지난 2030년 세계 엑스포 유치

(誘致)에 경제계를 대표하는 대기업 회장(會長)들하고 유명 정치인(政治人)과 대통령(大統領)까지 앞장서서 세일즈 외교를 펼쳐서 얻은 결과는 초라하기 그지없다. 165개국 가운데 29개국만 우리를 지지했다고 하니 대한민국(大韓民國) 국민(國民)으로서 부끄럽기 짝이 없네요. 앞으로 우리는 어떻게 해야 할까? 딱 한 가지 방법(方法)은 중용지도(中庸之道)를 지키는 것이다.

정이(程頤)는 "不偏之謂中 不易之謂庸 中者天下之正道 庸者天下之定理"치우치지 않는 것이 '중'이고 바뀌지 않는 것이 '용'이다. '중'이란 천하의 정도이고 '용'은 천하의 정리이다. 라고 하였고, 주희(朱熹)는 "中者不偏不倚無過不及之名 庸平常也" '중'이란 치우치거나 기울어지거나 하지 않고 지나치지도 모자라지도 않는 것의 이름이다. '용'은 평상이다.라고 설명하였다.

위의 설명대로 중용지도(中庸之道)를 지키는 것이 정도(正道)입니다. 중용(中庸)이라 하면 이것도 저것도 아닌 회색분자(灰色分子)라고 생각할지 모르지만 그건 절대 아닙니다. 위의 정의(定義)대로 어느 한쪽에 치우치지 않고 옳고 바른 길로 선택(選擇)하고 실천(實踐)한다는 의미(意味)입니다.

나도 너도 우리도 모두 중용지도(中庸之道)를 실천하는 대한민국(大韓民國) 국민(國民)이기를….

국가대표의 산실! 포천일고 역도부와 럭비부

손성국(고 28회)

학교마다 특정 운동 종목을 선택하여 운동선수를 육성해오고 있다. 학교 운동부는 선수 육성을 목표를 하였고, 대회 성적이 학교의 위상을 높여주고 재학생의 자긍심을 심어주고 일체감을 만들어 냈다.

포천일고에도 자랑스런 운동 종목이 있어 왔다. 한때 필드하키를 육성하기도 하였지만, 자료가 남아 있지 않고, 역도부와 럭비부는 많은 국가대표를 배출한 종목으로 유명하다. 역도부는 현재도 명맥을 유지하고 있지만, 럭비부는 31회까지 존속했었다. 럭비부와 역도부의 역사를 소개하고자 한다.

우승의 제조기 럭비부

포천일고에 럭비부가 1964년에 창단되었다. 이재규 체육 선생님

(수원교육청 교육장 역임)이 창단을 주도하여 초대감독을 역임하였다. 럭비는 포천일고 학생들의 체형에 맞는 운동으로서 실력이 날로 향상되어 창단된 지 얼마 안 되어 전국대회에서 우승을 하고, 그 여세로 3군 사관학교와 연세대, 고려대, 단국대, 경희대 등에 체육특기생으로 진학을 하였다. 물론 국가대표를 역임한 선수도 부지기수이다. 다음은 창단 이래 럭비부가 존속할 때까지 선수 명단이다.

(1기) 홍상태, 김재민, 이명길, 이동렬, 최수영, 이영구, 정병학, 이우식, 이경모, 어창진, 길정식, 양재희

(2기) 이세진, 이면근, 송신영, 안중엽, 함봉규, 김광석, 송태섭, 김영권, 박종관, 엄재진, 이성균, 김명호, 김호영, 장종열, 심재수, 차경덕, 김태욱, 장길영, 임외택, 김영배, 김유홍

(3기) 송광의, 남궁 은, 최명로, 유태희관, 윤석주, 유재용, 조병호, 최기용, 정명진

(4기) 박수영, 양이규, 유승태, 김기태, 김희태, 최용해, 최재근, 이광훈, 박현무

(5기) 이규범, 이규찬, 이인용, 성영선, 민성식, 이명호, 유기문

(6기) 이찬묵, 안창모, 황진성, 윤용헌, 임종석, 방승환, 박희문,

조병한, 김명수, 김경수

(7기) 유재수, 김용섭, 이용해, 황창현, 최중기

(8기) 주영훈, 유광택, 최봉배, 이승희

(9기) 유재필, 전문구, 이용석, 노춘근, 김영근, 이용해, 김현성, 허윤섭, 이두호, 강성근, 이영재, 이강석, 김복선

(10기) 정용식, 김송남, 백창훈, 이지형, 김종해, 고동권, 한영준, 정영식, 김영범, 김헌태

(11기) 이필조, 권혁범, 이종률, 박세진, 이문선

(12기) 박문선, 이상신, 김재빈, 정현정

(13기) 김영수, 이병범, 이종석, 김대식, 양현종

(14기) 이범희, 박호준

(15기) 안병수, 민병희, 이영철, 박경국

(16기) 전영근, 김문규

(17기) 서원규, 이해천, 채찬병

금메달의 산실 역도부

포천일고에 역도부가 1954년에 창단되었다. 열악한 환경 가운데서도 학생들은 체력을 증진하여 창단 후 10년이 지나면서 국가대

표를 배출하기 시작하였다. 선수들이 출전한 전국 규모대회에서는 물론이고 아시아대회와 세계대회에서도 금메달을 획득하였다. 물론 역도선수들은 체육특기생으로 유수 대학에 진학하기도 하였다. 다음은 창단 이래 역도부가 만들어 낸 메달과 국가대표명단이다.

■ 포천일고 역도부 연혁

○ 1958년(?) 포천중고 역도부 창단

○ 1991년 포천실고 역도장 신축이전

○ 1992년 포천중 역도장 신축 - 전창규 동문 지원

○ 1996년 포천군청 역도부 창단

○ 1997년 포천군역도연맹 창립(회장 : 정상영)

○ 1997년 포천실고 역도장 신축이전

○ 1997년 포천중 역도장 신축이전

○ 2001년 포천일고 합숙소 개관

○ 2007년 경기도대회 개최

○ 2009년 전국역도선수권대회 개최

○ 2016년 경기도대회 개최

■ 포천일고 역도부 역대성적

○ 세계선수권대회 – 은메달 1개, 동메달 1개
○ 세계주니어대회 - 금메달 2개, 은메달 2개, 동메달 4개
○ 각종 아시아대회 - 금메달 10개, 은메달 7개, 동메달 9개
○ 전국체육대회 - 금메달 55개, 은메달 30개, 동메달 30개
○ 각종전국대회 - 금메달 220개, 은메달 120개, 동메달 88개

■ 포천일고 출신 국가대표선수 배출현황

○ 양덕종 – 중 15, 고 13회
○ 이용한 - 중 23, 고 21회
○ 최광규 - 중 30, 고 28회(전. 포천시청 역도 감독)
○ 손성국 - 중 30, 고 28회(전 대한역도연맹 전무이사)
○ 전용성 - 중 34, 고 32회(현 역도국가대표 총감독)
○ 조창호 - 중 41, 고 39회(현 대전체육고 지도자)
○ 이우성 - 중 42, 고 40회(현 포천시청 역도감독)
○ 양영걸 - 중 42, 고 40회(현 포천일고 역도감독)
○ 정현섭 - 중 49, 고 51회(현 평택시청 선수)
○ 김용호 - 중 61, 고 63회(현 포천시청 선수)

나의 영원한 스승님께 감사드리며

김남현(고 29회)

포천일고 개교 70주년을 맞이하여 양호식 총동문회장님께서 기념문집을 발간한다고 하시면서 글을 써서 보내달라고 말씀하시기에 부족한 글이지만, 지금 이 시간 저를 포천시청 공직자(문화경제국장)로 헌신 봉직할 수 있도록 이끌어주신 것은 전적으로 고등학교시절 박창용 담임 선생님의 은혜였기에 이렇게나마 글로써 은혜에 보답하고자 합니다.

저는 고향이 포천시 신북면 덕둔1리(원덕둔)로 그곳에서 태어나 부족한 것 없이 살다가 제가 일곱 살 때 가장이신 아버님께서 잣나무에 올라가 잣을 따시다가 그만 나무가 부러져 떨어져서 척추를 다치시면서 하반신 불구가 되어 가정이 붕괴되기 시작하였으며, 그때부터 우리 집은 많은 어려움에 처해졌고 아버님은 이후 20년간이란 세월동안 누워계시면서 어머님이 가정을 이끌어 가게 되었고, 그 과정에서 많은 병원비와 치료비로 인해 토지를 매각하고 할머님과 할아버님은 안타깝게도 아버님이 다치신 이후 얼마 후에 모두 돌아가셨습니다.

그때 그 시절 시골에서는 상부상조인 품앗이 없이는 농사도 짓지 못했으며 할아버님이 돌아가신 후에 아버님이 누워계시면서 농사일을 할 수가 없었기에 품앗이도 이웃이나 마을주민들이 해주지 않으려고 해서 고향에서는 살아가기가 매우 어려웠습니다.(당시에는 기초생활수급자나 장애인 제도, 건강보험제도 등이 전혀 없어 국가로부터 도움을 받을 수 없었음.)

따라서 저는 초등학교를 졸업하고 당연히 중학교 진학을 포기하여야 했으며 가족들 모두 제가 아버님을 대신해서 농사를 짓기를 원하였으나 저는 나도 모르게 중학교엘 가야겠다는 욕심을 가지게 되었고 가족들은 모두 반대하였으나, 기어코 어머님을 설득하여 고등학교를 진학하지 않는 조건으로 중학교를 입학하게 되었습니다.(참고 : 누님과 여동생은 중학교 진학을 포기하고 농사를 짓다가 나중에 공장에 취업하였음.)

중학교 입학과 동시에 많은 고난이 시작되었는데 우리 고향 덕둔1리에서 포천중학교까지 다니기에는 약 30리(12km)가 넘는 거리였기에 버스가 오지 않는 날은 걸어서 다니는 것이 당연시되었으며, 버스는 무럭고개와 청산고개를 오르지 못하는 경우가 많아서 늘상 걸어서 등하교를 하다보니 하루에 아침과 저녁에 각각 3시간 30분씩 총 일곱 시간씩을 걸어 다녀야만 했었습니다.

이렇게 6개월을 통학하다가 도저히 힘들어서 신읍동에 월세방을 얻어 동네 1년 선배와 함께 자취를 하기 시작하였으며, 자취 이후에는 연탄가스와 매일 사투를 벌이는 일이 반복되었고 연탄불이 새벽에 꺼지면 아침을 굶고 도시락을 지참하지 못하여 하루에 두 끼씩을 굶어가면서 3년간의 중학교 과정을 마치게 되었습니다.

그러나 중학교 졸업할 때쯤에는 모두가 고등학교를 진학하는 시대가 도래하여 나도 중대한 결심을 해야만 했는데, 또다시 어머님에게 고등학교만 진학하고 대학교는 포기할 테니 포천종고 상과를 보내달라고 설득하였으며, 어머니도 반대하시다가 제가 너무 고집을 부리니 결국 고등학교 진학을 허락하여 포천종고 상과에 수석으로 입학하였습니다.

나에게 있어 남들처럼 인문과에 진학하여 대학교도 가고 싶었지만, 우리 가정의 사정상 아버지는 척추 장애로 많은 기간을 누워 계시면서 어머님이 병간호를 해야 하기 때문에 대학교는 엄두도 못 내고 상과를 선택하여 진학하게 되었는데 이것이 내 인생에 있어 가장 큰 역전 적시타를 날리는 기회가 되었습니다.

그 당시만 하더라도 포천중학교에서 톱클래스는 의정부고나 서울의 명문고로 진학하고, 그다음은 포천종고 인문과에 갔으며, 그 다음에는 상과나 축산과를 진학하는 것이 일반적인 상식이었으므로 상과 2개 반에는 중학교 성적만으로 다행히도 수석 입학을 할 수 있었고 그 덕분에 3년간 상과에서 1등을 하면서 학비를 면제받을 수 있어서 어머니에 대한 보답을 조금이나마 하게 되었습니다.

또 다른 절호의 만루홈런 기회가 찾아온 것은 고등학교 1학년 때 우리 집이 어머니 혼자 시골에서 농사를 짓기가 너무 어려워 무작정 단칸방을 얻어 부모님과 4형제 중 3형제와 함께(누님은 봉제공장에 취업) 신북면 가채리로 이사를 나왔는데 이것이 우리 가정사에는 큰 모험의 시작이 되었으며, 고등학교 진학과 동시 포천시청(그 당시는 포천군청)에서 특성화고 특별 채용계획이 시행되면서 고등학교장 추천으로 상과 1명, 축산과 1명 등 2명을 3년간 전액 장학금을 지급하겠다고 추천이 와서 그 당시 고1 담임 선생님이셨던 박창용 선생님께서 저를 상과 대표로 학교장 추천을 해주셔서 3년간 장학금을 받으면서 고등학교 시절을 보냈으며, 이로 인해 학교에서는 상과 수석으로 학자금을 면제받았고 군청에서 주는 장학금은 어머님께 가져다 드려서 작은 보답을 할 수 있었습니다.

이후 저는 3년 후 포천종고를 졸업하고 나서 포천군청과 경기도에서 특별임용시험 절차를 거쳐 바로 졸업과 함께 군청에 공무원으로 근무하게 되었으며 지금까지 수습공무원 5개월 기간을 제외하고 1985년 1월 7일에 정식 공무원으로 임용되어 약 39년간이란 세월 동안 근면 성실하게 공직자로서 헌신 봉사할 수 있었는바, 이는 모두 그 당시 고등학교 담임 선생님이셨던 박창용 선생님과 저를 잘 이끌어 주셨던 고등학교 때 선생님들이 있었기에 가능하였으리라 사료되며 그저 선생님의 은혜에 조금이나마 보답하고자 이렇게 글로써 감사의 마음을 전해 올립니다.

아무쪼록 저는 비록 중학교와 고등학교를 힘들게 다녔지만 잘 버티면서 가난을 이겨냈기에 좋은 기회가 찾아왔으며, 고등학교 1학년 때 담임선생님을 잘 만나면서 만루홈런을 칠 수 있는 인생 역전을 겪게 되었고, 공무원에 들어와서 일과 학습을 병행하면서 대진대학교와 대학원에 진학하여 석사학위까지 마치게 되었습니다.

이제 와서 생각해보면 누구나 어려움을 겪을 수 있으며, 어떤 가정도 큰 위기가 닥칠 수 있는데 그 고난을 이겨내고 나면 기회도 오고 축복도 받을 수 있음을 저는 몸소 깨달으면서 지난 공직생활동안 시민의 행복을 위해 존재하고 시민의 눈물을 닦아주는 것이 공직자라는 사명감으로 지금까지 헌신 봉직해 왔으며, 나름대로 어려운 시민들을 돕기 위해 공직생활을 하면서 4개의 봉사단체(선단사랑적십자봉사회, 솔모로1%사랑나누기운동본부, 행복나눔동행포럼, 공무원희망나눔봉사동아리 등)를 창립하여 지금까지 함께 참여하면서 작은 봉사를 실천하고 있습니다.

부족한 글이지만 끝까지 읽어주셔서 진심으로 깊은 감사를 드리오며 모교인 포천일고와 총동창회의 지속 가능한 발전을 간절히 두 손 모아 기원드립니다. 감사합니다.

2023년 연말의 횡설수설

최진호(고 29회)

모교 70주년 기념문집 원고를 모은단다. 제일 쉬운 방법은 open AI사에서 개발한 chat GPT에 접속하여 써 달라고 요구하는 것이다. 인간의 고유 영역이라고 생각했던 창작 영역이 어느새 시나리오만 쓰면 그 시나리오에 맞게 영화도 제작해내는 세상으로 가고 있으며 또한 전기 자동차회사인 테슬라에서는 내년에 인간형 로봇이 기본적인 작업은 물론이고 바느질까지 하는 것을 내놓겠다고 발표했다. 그 가격도 2만 달러라고 하니 도대체 인간은 무엇을 해야 하는지 모르겠다. 게다가 무엇을 믿어야 할 지 모르겠다. 영상 자료가 있으면 순순히 자신의 잘못을 인정하던 세상에서 딥페이크(deepfake) 기술을 활용한 어처구니없는 영상들이 돌아다니는 세상이 되었으니 말이다.

올해 가장 유용한(?) 보이스피싱 기술로 가족의 사고 영상에 따른 병원비 송금으로 맹활약을 하였다. 가족이 다쳐서 병원 응급실에 있는데 송금하지 않을 자가 몇이나 될까? 이런 염려들로 지난 11월에는 open AI사의 회장 자리를 두고 격돌이 일어났다. 이름하여 '인공지능에 대한 낙관주의와 비관주의의 격돌'. 낙관주의인 샘 알트먼 회장이 이사회 해고를 극복하고 5일 만에 복귀함으로써 끝났다.

기후도 만만치 않다. 기후변화에 관한 정부 간 협의체(IPCC) 발표에 따르면 최근 50년간의 변화가 지난 2000년 사이 가장 높고 이산화탄소의 농도 또한 지난 200만 년간 최고 수준이라고 발표했다. 최재천의 아마존에 따르면 인간이 생활 태도를 변화하지 않으면 기후변화로 인하여 가까운 시일에 멸종할 것이라고 강변하고 있다. 우리는 원자력을 억제하고 가스 발전과 석탄발전소를 건설했는데 말이다. 반면에 선진국은 소형 원자로 개발과 핵융합 발전을 위해 막대한 돈을 투자하고 있다.

생명 기술 또한 정신을 어지럽게 한다. 인간의 유전체지도 완성에 따라 미래 질병을 예측 가능해지고 배아줄기세포의 배양으로 바이오 장기가 개발되어 인간에게 이식되고 있다. 노화 방지를 연구하는 사람들은 늙은 쥐를 젊은 쥐로 변화시키는 실험에 성공함으로써 가까운 미래에 인간도 노화를 치료할 수 있다고 생각하고 있다. 이게 현실이 될 경우 가난한 자만이 늙는 특권을 누리게 된다.

남 이야기 말고 우리 이야기를 해 보자. 두산백과를 보면 인도에서 기원전 1800년 전부터 면을 사용하기 위해 목화가 재배되었고, 『한국민족문화대백과』에는 기원전 3000년 전부터, 중국에 전해진 것은 기원전 600년 전에 불교와 함께 전해졌다고 한다. 그러나 우리나라에는 1363년에 문익점이 들여온 것으로 되어 있다. 1410년 태종실록에 보면 "사람이 의뢰하여 사는 것은 의식뿐이다. 우리 동방이 처음에는 뽕나무(비단)와 삼(베)만 알고 목면이 무슨 물건인지 알지 못하였는데, 간의대부 문익점이 중원에 사신으로 갔다가 그 씨를 얻어가지고 돌아와서 우리 백성에게 혜택을 주어, 위로 경사에서 아래로 서인에게 이르기까지 상의·하상을 모두 이것으로 만드니, 백성에게 공이 있음이 가위 크다 하겠습니다."라고 되어 있으니 중국보다 2000년이나 뒤늦게 들어왔다. 그전에 수많은 사람들이 중국과 인도를 오갔건만…….

러시아 표트르대제(재위 1682~1725)가 주인 없던 땅인 시베리아, 캄차카반도 및 알래스카를 차지하는 동안 조선은 당파싸움만 하고 있었으며 후대의 사람들은 러시아가 1867년 미국에 720만 달러에 알래스카를 판 것을 두고 헐값에 팔았다고 놀리고 있다. 그 땅을 서쪽 아득히 먼 곳에 있던 러시아가 가져가도록 방치한 우리 조상님들은 괜찮은 것인지 궁금하다. 청나라가 아편전쟁으로 몰락하는 과정을 보고 놀란 일본은 메이지 유신을 하며 개혁에 박차를 가했으나 조선은 당파싸움의 전통을 계속 이어 나갔다.

우리의 노력은 어디로 향하는 것일까? 잘 가고 있는 것일까?

인문도시 포천을 꿈꾸다

홍현표(고 29회)

얼마 전, 장기 출장차 원주에 가 있는 친우로부터 놀러 오라는 연락을 받았다. 오랜만에 만나 한 잔 곁들이며 그 안의 회포를 푸는데, 원주 곳곳을 다니며 정이 많이 쌓인 듯 친구의 원주 자랑이 시작되었다. 특히 박경리 작가의 생가부터 시작하여 소설 '토지'에 대한 예찬을 끝없이 늘어놓기에 나 역시 오래 전에 봤던 드라마를 밑천 삼아 대꾸하며 이야기꽃을 피웠다. 다음날, 정오가 다되어 숙소에서 나오는데 친구로부터 전화가 왔다. 박경리가 『토지』를 집필하던 생가에 꼭 들러보라며 거듭되는 제안에 마침 서울에 가는 길목이라 계획에 없던 소설 기행을 하게 되었다. 귀찮기도 하고 내 주제에 무슨 문학인가 싶었건만, 지난밤 횡성 소고기를 진탕 먹고 비싼 호텔에서 대접받은 고마움과 미안함에 아니 들를 수 없었다.

처음엔 어색한 폼으로 그저 다른 관광객을 따라 이곳저곳 기웃거렸을 뿐이었으나, 이내 해설사의 실감 나고 유쾌한 설명과 각종 현장 체험까지 접하다 보니 왜 그토록 친구가 박경리 작가와 그 작품의 위대함을 노래했는지 납득이 가는 것이었다. 생가를 나오면서부터 나

역시 박경리와 『토지』의 팬이 되어 귀가 후에도 『토지』 전집을 구매하여 읽고 있으며, 그 덕에 중간에 원주를 한 번 더 다녀오기도 했다. 소설의 생동감을 조금 더 느끼고자 하는 욕심이 생겨 내년에는 원작 배경인 경남 하동의 평사리와 작가의 고향인 통영까지 다녀올 생각이다. 그야말로 토지 순례길이라 할 수 있다. 환갑에 가까워진 내가 뒤늦게 '토지'와 박경리 작가의 인생 스토리에 푹 빠져 떠드는 게 신기했는지 요즘에는 내 아내도 가끔 책을 훑어보는 듯하다.

『토지』의 내용은 드라마나 책을 통해 접하여 대부분 알고 있을 것이나 간단히 추려보자면 이러하다. 동학 혁명부터 일제강점기를 지나 해방까지의 역사적 배경을 두고 평사리라는 마을의 한 세도가의 몰락과 부흥을 다룬 대하소설로써, 육백 명이 넘는 인물의 생활과 심리는 물론이고 당시 쓰이던 사투리와 언어 양식을 참 찰지게도 묘사했다. 뿐만 아니라, 백여 년이 지난 지금과 당시의 생활사, 연애사 등을 비교해가며 읽노라면 너무도 재미있고 실감이 나서 시간이 아깝지 않다. 특히 우리 어린 시절을 아무리 이야기해도 이해를 못 하는 요즘 젊은 청년들에게도 우리나라 근현대사를 이해하는 데에 큰 도움이 될 것이라 자부한다.

서두에 이리 장황하고도 뜬금없이 토지와 박경리를 예찬한 것에는, 이러한 문화자산을 활용하여 경제적 효과를 거두는 원주시 등을 본받아 포천을 또 다른 문화도시 혹은 인문 도시로 발전시키는 가능성을 요즈음 그려 나가고 있기 때문이다.

우리 고향 포천은 산자수명하여 예로부터 인재도 많고 여유롭고 멋진 풍류가의 왕래가 많던 곳이 아니었던가. 선배 어르신들께 들은 바로는 수도권에서 팔경(八景)으로는 포천의 '영평팔경'이 유일하고도 얼마나 아름다운지 어디에 머무르든 시조가 절로 지어지고 글이 써지기에 전국에서 찾아온 수많은 묵객들을 능문능필(能文能筆)로 만들었다고 한다. 나 또한 어린 시절, 여름이면 백로주와 오가리에 가족들과 물놀이를 와서 하얀 백사장과 맑은 물에서 물장구치며 놀았던 기억이 지금까지 나는 건 물론이다. 뿐만 아니라, 나이가 들어서는 영평팔경에 다시금 꽂혀 문화원의 민요반에 들어 '영평팔경가'를 줄줄 외워가며 노래하지 않았던가.

그동안 몸으로는 포천 여기저기의 좋은 곳을 찾아다니며 보고 즐겨봤지만, 아름답고 훌륭한 문화를 지닌 우리 고장에 대해 알아보고 공부할 기회는 없었던 듯하다. 다행히 최근 귀향하여 여러 선배 어르신들의 말씀과 포천시의 자료를 접하다 보니 알게 된 영평팔경의 정보와 지식을 여러분께도 한 번 소개해보고자 한다. 외지에서 포천의 명소를 소개해달라는 부탁에 산정호수밖에 생각이 안 나서 쩔쩔매던 나와 같은 경험을 가진 동문들께 조금이라도 도움이 되었으면 한다.

이름도 포천(抱川)이듯이 우리 고장은 물이 매우 풍부하여 대부분의 명소가 물과 함께 있어 왔다. 영평팔경은 옛날 영평현에 위치한 경치 좋은 여덟 곳을 말하는데 위로는 백운산에서부터 한탄강으로까지 흘러가는 영평천 변의 우거진 숲과 맑은 물, 기암괴석으로 이루어진 명승지로, 많은 시인들과 풍류객들이 즐겨 찾던 주요장소 여덟 군데를 가리켜 말하는 것이다.

제1경은 볏짚을 쌓아놓은 듯하여 화적연(禾積淵)이라 불리던 멋있는 바위인데 가뭄이 들면 기우제를 지내던 곳이기도 하다. 용이 머리를 들고 있는 형상처럼 보이기도 하여 옛 금강산을 찾는 소요객이나 원산, 함흥 방면으로 가는 손들이 잠시 들러 경치를 감상하는 휴식처이기도 했다고 한다.

제2경은 창수면 주원리에 있는 정자, 금수정(金水亭)인데 한 선비가 이곳의 경치에 빠져 정자를 만들었고 국민 모두가 다 아는 시조, "태산이 높다하되……."를 지으신 봉래 양사언 선생이 노닐던 별장이었다고 한다. 지친 나그네가 '석양은 지는데 쉬어나 가자'하고 물길이 휘감는 이곳 아래를 바라보고 있으면 백로, 왜가리들이 돌섬에서 고개를 빼고 물속을 노려보며 저녁거리를 더듬는 풍경을 느끼게 한다. 그 유명한 '오성과 한음'의 '한음' 이덕형 선생께서는 금수물결과 은사모래가 펼쳐져 신선이 사는 도원 같다고도 하였다. 지금도 이른 아침에 가보면 펼쳐져 있는 물안개가 매우 몽환스러운 분위기를 자아낸다.

제3경 창옥병(蒼玉屛)은 위에는 꽃과 나무가 무성하고 아래는 신선들이 발 담고 누워있던 낙귀정지(樂歸亭址)로, 수백 미터가 바위를 깐 듯한 주상절리로 병풍 벽을 친 것과 같아 절경이 우리나라에서 최고라 할 정도로 아름다운 곳이다. 차로 통행하면서 바라다보면 자칫 흠뻑 빠져 교통사고를 일으킬 수 있는 곳이니 내려서 감상하길 바란다.

제4경은 옛 양문대신 이서구가 낚시를 했다는 양문 사근다리 근처 거사리에 위치한 곳으로 조선 중기에 대제학과 예조판서, 병조판서를 지내신 황정욱이 지은 정자 터를 말한다. 임진왜란 때 억울하게 멸문지화를 당하여 버려진 정자로 소실되고 후에 터만 남아 있어 그 모습 또한 쓸쓸하기가 그지없다.

제5경은 포천사람들 모두가 잘 아는 이동 백운계곡에 위치한 곳으로, 신선이 노는 자리라는 뜻의 '선유담(仙遊潭)'이라 음각된 큰 계곡 중의 절경을 말한다. 상류에서 흐르는 물이 협곡을 이루며 명경지수를 큰 바위에 담아 놓은 듯한 풍경을 갖고 있다. 흑룡사 옆 계곡에서 선녀가 내려와 자주 목욕을 즐기던 곳이었다고 한다.

제6경은 와룡암(臥龍岩)으로 이름 그대로 50미터나 되는 용이 새끼용들과 함께 누워있는 듯한 모습의 바위들이다. 물이 많으면 수면 속에 있다가 물이 빠지면 용이 승천할 듯한 모습으로 나타난다는 곳으로 일동 삼팔교 밑에 펼쳐져 있는 바위 절경을 말한다.

제7경인 백로주(白鷺洲)는 어려서 여름이면 버스 타고 가곤 하던 유원지이다. 큰 바위가 멋있고 흰 모래사장이 펼쳐져 있어 백로들이 쉬며 가며 놀기도 하고 맑은 물에 들락거리며 헤엄치며 양식을 구하는 광경을 보게 된다.

조선시대 우암 송시열 선생께서도 이곳에서 다음과 같이 시를 지으셨다.

> 산은 백운이요 물가는 백로라
> 산은 백로 같고 백로는 구름 같네
> 잠깐 사이 구름 흩어지고 백로 날아가니
> 도리어 해오라기 나의 친구 되어 주네

제8경 청학동(靑鶴洞)은 영중면 금주리에 있는 곳으로 암벽 아래엔 옥류수가 지나며 선비들이 모여 시회를 열만 한 넓은 바위들이 널려 있다. 암벽에 청학(靑鶴)이 와서 노닌다는 뜻의 '靑鶴洞'이라 암각되어 있다. 옛날 옛적에 한 효자가 아버지를 장사지내기 위해 산소를 만들려 할 때 청학이 날아와서 하늘을 한 바퀴 돌며 함께 슬피 울어주었다는 전설이 일대에 전해지고 있다.

이렇듯 영평팔경은 누구에게나 자랑해도 될 만한 포천만의 명승지로, 참으로 아름답고 보배로워 다른 도시에서도 부러워할만한 천연의 문화자원이다. 그래서 그런지 포천은 예로부터 모든 나라가 차지하기 위한 각축장이었으며, 한반도의 중심이기도 했다. 고구려, 백제, 신라 삼국의 땅으로 모두 있어 보고, 6.25전쟁 이전엔 일부가 북한 땅으로도 있었다. 우스갯소리지만 미국도 이 땅이 너무 좋아 사격장을 만들어 놓고 절대 내놓지 않는다. 이렇게 역사의 한 중심에 있던 만큼, 남쪽 변방 평사리만큼 사건과 난리로 가득하지 않았을지 생각에 빠져들기도 한다.

신세력과 구세력이 서로 뺏고 빼앗기는 처절함의 역사 속에서 우리와 같은 민초의 생활은 어땠을까? 학교에서 배운 역사적 사건이 발생했을 당시, 우리 포천의 선조들은 무엇을 생각하고 무슨 일을 했던 걸까? 또 집성촌이 많은 포천에서 가문 간의 경쟁은 물론이요, 그 속에서 일어났던 이루어질 수 없는 로맨스는 얼마나 많았을까? 이러한 궁금증들이 포천에 애착을 가진 포천인으로서 몽글몽글 피어나는 것이다.

최근에 우리 포천이 인문도시로의 변화를 구상하고 있다고 한다. 참으로 바람직한 생각이 아닐 수 없다. 이러한 변화에 힘입어 나도 한 명의 포천 사람으로서 포천이 인문도시로 발전하기 위한 조건 두 가지를 이야기하고 싶다.

먼저, 포천은 훌륭한 인재를 키워내고 받아들이기 위한 노력을 기울여야 한다. 인문도시로의 변화는 지역 명소 몇 군데만 앞세워서 가능한 것이 아니며, 지역 인재들의 의식과 문화적 수준이 함께 발전해야만 한다. 발전이 느린 지역의 원인을 찾다 보면 몇몇 지역 세도가가 자신의 이익만을 위주로 지역을 끌고 가며, 누가 봐도 아닌 것을 억지로 밀어붙이는 행태가 그 중심에 있는 것을 발견하곤 한다. 결국 그 아래에서 교육받은 청소년들은 이를 닮아가게 되기 마련이다. 오랜 기간 타지에 살던 내가 보기에 포천에도 훌륭한 인물들이 많이 있음에도, 이를 평가하고 판단하는 기득권에 오랫동안 길들여진 시스템 상 새 인물이 갑자기 발굴되는 것이 쉽지 않아 보인다. 구태를 벗어던지고 지역민들의 이익을 위해 힘써주고 나서줄 인재에게 응원을 보내는 문화가 필요할 것이다. 다시 박경리의 이야기를 꺼내보자면, 원주시는 박경리 작가의 고향도 아닌데도 사위인 김지하 시인의 옥바라지를 위해 잠시 거주하며 '토지'를 집필했다는 사실만으로 살던 생가를 '박경리 문학공원'으로 개발했다. 심지어 이사간 곳을 '박경리 뮤지엄'으로 만들고 주변을 먹거리촌으로 조성했으며, 가난한 문인들이 거처하며 글을 배우고 집필하는 장소 또한 꾸며 관광객의 발길이 끊이지 않는 곳으로 만들어냈다. 이렇듯 외부에서 유입된 훌륭한 인물들까지 시의 자랑으로 삼아 공로를 인정해주고 포용하는 자세가 필요할 것이다.

두 번째로, 지하철의 빠른 개통이 필요할 것이다. 인문도시가 된다는 것이 단순히 옛 고전만 읊고 역사만 연구한다고 가능한 것이 아니라는 것은 모두 잘 알고 있을 것이다. 인간과 지역문화가 잘 어우러지기 위해서는 사람과 문물의 교통과 왕래의 방식이 다양하고 풍성해져야만 한다. 지하철 없이 그냥 살던 사람은 그 가치를 알기가 힘들다. 수많은 지역 자치단체가 지하철 유치를 위해 피 터지게 싸우는 데에는 단순히 땅값 상승 이상의 이유가 있을 것이다. 다양한 문화와 사고방식을 가진 사람들, 특히 젊은이들이 출퇴근은 타지로 하더라도 저녁이 되면 포천으로 손쉽게 돌아와 포천을 내 고향, 내 삶의 터전으로 인식하고 마음의 안정을 가질 공간으로 여기게 하는 것이 중요하다. 타지에서 다양한 생활을 경험하며 포천에 다양한 가치관과 생활양식을 소개해줄 사람들이 교통 문제로 포천을 떠나게 된다면 고인물이 썩듯이 포천도 죽은 도시가 되지 않을까 조심스레 우려를 표해본다.

며칠 전 이웃 도시인 연천군도 지하철개통이 되어 칠·팔십 어르신들도 손쉽게 인천까지 왕래하는 것을 보니 너무 부럽기도 했다. 우리 포천은 2030년쯤에 개통된다고 하니 아직은 먼 미래지만 말이다. 동학 운동이나 3.1운동까지는 아니지만 몇 년 전, 온 포천인들이 정치적 이념을 떠나 지하철 유치를 위해 목소리를 합해 참가했던 광화문 집회도 지역사적으로 큰 사건인데 포천 역사에 성공의 역사로 남겨지길 기원해본다.

이상으로 박경리 작가와 토지를 다시금 접해 한껏 풍성해졌던 나의 근황에서 출발하여 포천이 인문도시로 향하는 데에 있어 무엇이 필요할지에 대한 나의 바람을 두서없이 이야기해보았다. 물론 우리고장의 자랑거리 영평팔경 예찬이 동문들에게 도움이 되었으면 하는 마음도 있다.

이제 2024년, 갑진년이 다가오고 있다. 우리 동문들에게도 많은 변화가 있을 것이다. 만약에 그동안 우물 안 개구리처럼 구태함이 있었다면 과감히 버리는 건 어떨지 응원해본다. 또한 정년을 맞는 동문들도 자신감을 갖고 외부로도 진출해서 새로운 일에 도전하는 새해를 맞이하였으면 좋겠다. 아무쪼록 동문들 모두가 건강하고 행복하게 지내시길 바라는 마음으로 이만 줄인다.

포천일고의 축혼제(畜魂祭) 역사

최성규(고 32회)

가축은 인간에게 있어 없어서는 안 되는 중요한 역할을 한다. 가축은 먹거리를 제공함은 물론이고 인간의 삶의 질을 높이기 위해 연구용으로 희생당하고 있다.

포천일고 축산과는 1969년부터 시작되어 포천시가 축산도시로 자리매김하는데 크게 기여하였다. 포천시의 축산은 시민의 주요 소득자원으로서 지역경제 활성화에 크게 보탬이 되어 왔다. 이런 만큼 축산으로 인하여 희생되는 가축의 혼을 위로하고 고마움을 표시하는 의식이 필요하였다.

포천일고는 17회 축산과 제1기 선배로부터 축혼제를 열어왔다. 축혼제는 희생되는 가축들의 혼을 달래주고 감사함을 기리기 위한 행사로서 생명의 고귀함을 되새기는 행사이기도 하다.

포천일고등학교 식품반려자원과(축산과)에서는 2023년 12월 7일 제51회 축산진흥제(축혼제)를 교직원과 재학생, 축산단체, 동문들이 모여 가축의 혼을 위로해 주는 시간을 가졌다. 코로나 사태로 3년간 축혼제를 개최하지 못하였지만, 그밖의 기간 동안 꾸준히 축혼제를 개최하였고 앞으로도 지속될 것임에 틀림 없다.

현대 사회는 가축의 효용이 식용에 그치지 않는다. 가축은 인간과 더불어 함께 살아가는 반려의 차원으로 변화하고 있다. 가축과 인간은 밀접한 관계를 형성하게 된 것이다. 가축은 반려견, 반려묘 등 가족처럼 자리하게 되었고, 인간도 가축의 주거환경을 깨끗하고 쾌적하게 조성해주는 동물복지가 필요하게 되었다. 포천일고도 축사시설을 현대화하여 동물복지에 적합한 환경을 조성하고 있다. 이제 가축은 쾌적한 환경에서 양질의 계란, 우유, 고기를 제공해주고 있다.

숭고한 희생으로 인간생활을 풍족하게 만들어 주는 가축에 대해 한 번쯤은 감사하고 고마운 마음을 되새겨보는 시간을 가졌으면 좋겠다.

포천일고등학교 관악부

강　철(고 49회)*

포천일고등학교는 오래전부터 관악기로 구성된 취주악단이 존재했습니다. 현재는 그 시절 취주악단을 하셨던 선배님들을 뵈면서 이야기로나마 선배님들의 발자취와 역사를 듣곤 합니다.

포천일고 관악부에 관한 문헌이 글로 정확히 명시된 부분이 많지 않지만, 옛날 1956년의 사진이 있는 것으로 보아 1950년대부터 근 70여 년째 명맥을 이어오고 있는 것으로 보입니다.

선배님들의 음악적인 활동과 각고의 노력 덕분에 탄탄히 유지되던 관악부가 마침내 전문적인 음악인들을 배출하기 시작했습니다. 2000년대 초반부터 관악부에서 수많은 기악 전공생들이 유수의 명문대학에 진학하여 포천의 음악성과 훌륭한 음악교육과정을 인정받은 바 있습니다.

저 역시도 포천일고등학교 48회 졸업생으로 관악부에서 악기를 전공하여 공부를 마치고 현재 전문적인 연주자와 지휘자로 활동중에 있습니다.

---

* 포천음악협회 회장

▲ 포천일고등학교 취주악단 공연 (현 포천일고 강당 1956년),
자료출처 : 『한국향토문화 디지털포천문화대전』

포천일고등학교 관악부는 2000년부터 2012년 정도까지 많은 공연과 행사에 참여하였습니다.

그러나 당시 저희를 가르쳐주시고 이끌어주셨던 최용준 선생님의 건강악화로 인하여 음악적인 활동에 어려움이 있다는 것을 제가 유학 중에 동문들에게 전해 듣게 되었고, 2016년 유학을 마친 후 포천으로 돌아와서 포천일고 관악부 출신 음악가들을 주축으로 포천반월윈드오케스트라를 창단하여 7년째 활동하고 있습니다. 포천에서 음악적인 근본과 기둥이 되어 포천문화예술의 수준과 격을 높이며, 무엇보다 시민들과 함께 느끼고 즐기는 공연을 통해 우리 예술인들의 수년간의 노력이 서려 있는 것을 표현하고 감동과 전율을 전달하는 오

▲ 포천반월윈드오케스트라 공연 사진, 반월아트홀 대극장

케스트라를 만들고자 포천일고 관악부출신들이 앞장서서 노력하고 있습니다.

저는 현재 포천출신들이 일궈낸 반월윈드오케스트라에 대한 큰 자긍심을 가지고 포천에서 시민들을 위한 공연과 후학양성에 큰 힘을 기울이는데 사력을 다하고 있습니다.

그리고 얼마 전부터 포천시가 인문도시로 거듭나기 위한 초석을 세우시는 선배님들을 보며 너무도 기뻤습니다.

오래 걸리겠지만 저 같은 포천시민이자 예술인들은 포천에 꼭 필요한 일임을 알기에 포천시가 품격있는 인문도시로 거듭나길 바라며 인문도시로서의 순차적인 행보를 응원하고, 저같은 음악인도 음악을 인문적인 측면으로 바라봐야 한다는 것을 깊이 새겼습니다.

문화예술의 번영은 한 지역의 삶의 질과 수준을 판가름하는데 지대한 역할을 합니다.

사업의 번창은 찰나로 이루어질 수 있지만 문화와 예술은 절대 찰나의 순간으로 우리 의식에 자리 잡을 수 없으며 발전될 수 없습니다.

포천이 인문도시로 발전해 나아가기 위해서는 새롭고 자극적인 것에만 현혹되지 말고 우리 포천에 무엇이 있고 무엇이 있었는지를 인지하여, 그 가치들을 보존해 나아가는데 큰 힘을 쏟아야 한다고 생각합니다.

저 역시도 어린 시절 신북면 하심곡에 딱 한 곳 있던 피아노학원에서 음악을 배우기 시작하여 포천일고에서 선생님들과 선배님들의 가르침 덕분에 음악을 잘 배웠고 지금의 활동을 할 수 있게 된 것을 부정할수 없습니다.

학교의 운영방침이나 교육청의 교육과정에 따라 지원의 편차가 심하겠지만 그 지원에 맞춰서라도 일선에 있는 선생님들과 강사들이 협업으로 학생들을 지도해 꾸준히 인재를 길러내야 합니다.

이런 교육과정을 통해 우리 포천일고등학교 관악부를 비롯한 포천일고등학교에서 나온 졸업생들이 바로 포천의 미래입니다. 인재를 길러내지 못하면 포천의 미래가 어두워지는 것이나 마찬가지입니다. 포천일고등학교는 관악부, 연극부, 풍물부, 역도부, 육상부 등 수십년동안의 예체능 특기 활동이 있었습니다. 여전히 존재하는 특기활동도 있지만 지원에 대한 근거들이 불투명해져 없어지고 기대성과에 못미쳐 없어지는 부서도 있습니다. 현재 포천에 연극, 국악, 오케스트라는 우리 포천일고등학교 출신들이 포천을 대표하는 예술인들로서 대거 활동 중에 있습니다.

포천일고등학교에 연극부가 없었다면,
포천일고등학교에 관악부가 없었다면,
포천일고등학교에 풍물부가 없었다면,
포천일고등학교에 역도부가 없었다면,
포천일고등학교에 육상부가 없었다면,

지금의 저희 같은 예술인들이 존재할 수 있는 것은 포천일고등학교의 특성화 교육 덕분입니다.

다양함을 포용하며 학과 수업 이외에도 개개인의 특성을 길러주는 특성화 학교만의 교육시스템 구축이 가능했기 때문에 많은 예체능인들의 육성이 가능했던 것입니다.

앞으로도 다양함을 포용함으로 탄생할 미래 인재들을 동문으로서 기대합니다.

저는 제가 배우고 학습한 음악으로 포천시의 문화예술수준을 격양시키고,

지역의 예술가로서 인문도시로 나아가기 위한 발걸음에 최선을 다하겠습니다.

포천일고등학교 제48회 동문으로서 개교 70주년 기념 문집에 글을 올리게 되어 영광입니다. 아울러 모든 동문 선배님들과 후배님들의 안녕과 평안을 바라며 글을 마칩니다. 감사합니다.

소설가의 길

김재현(제49회)

포천일고 49회로 졸업했고, 개명 전 이름은 김병찬이고 현재는 이름이 개명되어 김재현이다. 포천일고 졸업생으로는 김병찬으로 이름이 되어 있다. 법정개정 나이 23살에 작가가 되기로 결심했었다. 그때 당시에는 사람들에게 내가 말하고자 하는 바를 전달하기에는 부족함이 많았고, 뒤돌아서면 '왜 나는 다르게 얘기하지 못했을까?'라는 생각도 들었지만, 아시는 분이 말을 잘하시는 모습을 보고는 '어떻게 그렇게 말을 잘하세요?'라고 물었더니 독서를 많이 했다라고 답하시는 것을 보고는 독서를 시작하게 되었고, 이왕 독서를 시작한 거 작가도 되어보자고 생각했다.

철학과 신학과 역사와 법학 등을 공부하였고, 10년 정도 독서하고 나서, 처음으로 시집을 내게 되었다. 그때는 시를 너무나 쓰고 싶어했었고, 그래서 시집 『진실』을 출간하게 되었다. 시집 『진실』은 인간의 어두운 부분들의 발단이 어디에서 시작했을까 궁금하여서 쓰게 되었다. 시를 쓰고 난 후에는, 소설을 쓰고 싶었다. 인물을 만들어서 인물들이 대화하는 모습을 글로 나타내어 보고 싶었고, 이야기를 추가시켜서 더욱 재미나게 쓰고 싶다는 생각이 들어서 소설에 도전하게 되었다. 그래서 첫 번째 소설 작품 『나뭇잎의 영혼들』을 쓰게 되었다. 『나뭇잎의 영혼들』은 클럽 버닝썬 사건을 보고 경찰의 부패에 대해서 생각하며 공권력의 의미를 생각해 볼 필요가 있다고 생각하여 쓰게 되었다. 그리고 두 번째 소설 작품 『어리석은 사람들』과 『목도의 기운』을 쓰게 되었다.

작품 『어리석은 사람들』에서 옳음에 대한 네 가지 마음을 인물화하고 저마다의 옳음을 향해 나아가는 이야기를 담은 소설을 출간했다. 1부에서 옳음에 대해 진지하게 고민하는 마음을 두 주인공 '진모'와 '지은'이 주고받는 편지로 드러내고 있으며, 2부에서는 옳음을 보면 매혹되는 마음을 의인화한 '성철'과 처음에는 수동적으로만 생각했으나 점차 그 마음에서 벗어나 주체성을 갖게 되는 마음을 의인화한 '준수'를 등장시켜 전반적으로 내용을 더 풍성하게 전개했다.

이어 후속 작품인 『목도의 기운』은 앞선 이야기에서 등장했던 '진모'와 '지은'이 결혼한 이후의 이야기를 다루고 있다. 여기서 나는 두 주인공을 스토킹 범죄, 질투와 집착 등 인간의 악한 감정에 노출시켰고, 이를 보면서 인간의 욕망에 대해 생각했다. 또한 그에 따른 직접적인 현실의 변화와 이를 바라보는 직관과 보편이라는 두 가지 시각을 드러내는 방향으로 내용을 전개했다.

나는 『어리석은 사람들』과 『목도의 기운』 작품을 통해 개인이 옳음을 찾아갈 때는 주변에서 아니라고 해도 꼭 그 옳음으로 나아간다고 하면서 주변 사람들이 어리석다고 아무리 소리친다 한들 옳음을 찾아가는 한 개인을 막을 수는 없다고 생각했다. 또한 직관은 항상 좋음을 나타내고 우리에게 바른길을 인도해 줄 것이며, 직관의 힘을 깨닫게 되면 집착이라는 굴레의 궤도가 보이기 시작하면서 현실을 알게 되고 순수함이 가지는 진정한 의미를 파악하게 될 것으로 생각했다.

내가 쓴 작품을 읽게 된다면 내가 설정한 이 인물들이 소설에서 어떻게 움직이는지를 볼 수 있을 것이며, 이 작품을 통해서 옳음으로 나아 가는데, 더욱 확고한 마음으로 지혜로운 영혼의 고백을 이룰 것이라 기대한다.

처음부터 소설가가 되기 위해서 독서를 한 것은 아니었다. 그저 '독서를 하다 보면 내가 좋아하는 분야로 나는 글을 쓰게 되겠지.'라는 생각을 가지고 있었고, 지금은 소설을 쓰는 것이 좋아서 소설을 쓰고 있다. 물론 내가 다른 분야로 글을 쓸 수도 있겠지만, 지금은 소설을 쓰는 것이 좋아서 앞으로도 소설을 계속 쓸 것 같다.

돌이켜보면 '내가 한 권의 책을 쓰게 될 날이 올까?'라는 생각을 했었는데 그때가 독서를 처음 시작할 때였다. 그리고 어떻게 한 사람이 한 권의 책을 펴낼 수 있는지 놀랍기만 했다. 지금까지 나는 총 3권의 책을 썼다. 앞으로 4번째 탄생하게 될 소설을 생각하며 글을 마친다.

6부

동문 논단

디지털사피엔스

박상렬(중 18회)

1. 꿈의 기계 튜링머신

20세기 초, 학문적 좌절의 신호인지, 새로운 희망인지 모를 정리(定理) 하나가 등장한다.

> 모든 수학적 공리계는 스스로 증명할 수 없는 명제를 가진다.
>
> \- 불완전성의 정리(괴델, 1931)

이 내용은 "유한개의 언어와 추론체계, 알고리즘만으로 진실('참'인 명제)을 모두 찾아낼 수는 없다"라는 의미를 갖는 것으로 당시 '학문적 한계'에 대해 제시된 첨예한 질문에 대한 답이었다. 1936년, 24세의 젊은 수학자 튜링(Alan Turing, 1912~1954)은 이 명제를 증명하는 과정에서 '튜링기계'라고 불리는 가상의 연산구조를 창안해 사용한다. 이후 전자제어 이론과 반도체 기술이 발전하면서 튜링머신이 현실로 구현되었고, 이 꿈의 기계는 뛰어난 계산력을 시작으로 시간과 공간을 뛰어넘는 능력을 가진 동화속의 마법사 같은 존재, 현재의 디지털 컴퓨터로 발전하였다.

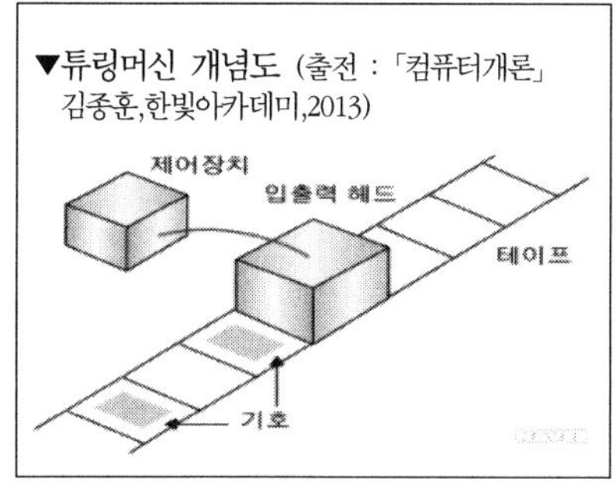

▼튜링머신 개념도 (출전 : 「컴퓨터개론」 김종훈,한빛아카데미,2013)

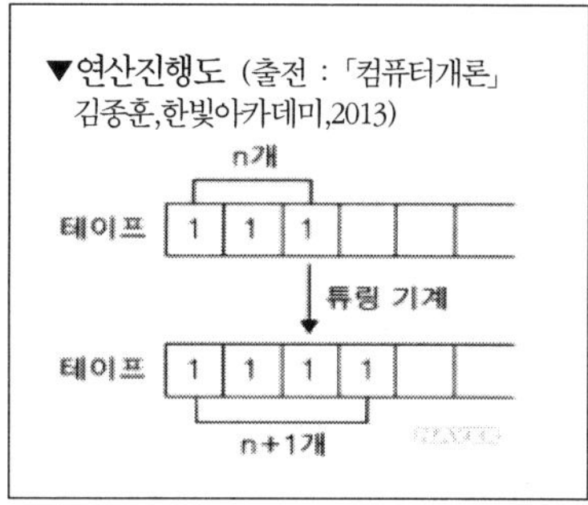

▼연산진행도 (출전 : 「컴퓨터개론」 김종훈,한빛아카데미,2013)

1970년대, 필름카메라가 찍은 칼라사진, 카세트가 들려주는 스테레오 등 우리를 즐겁게 하던 당대 최고의 기술 아날로그 기계들의 추억이 엊그제 같은데 어느새 그들은 모두 사라지고, 컴퓨터의 언어인 0, 1을 사용하는 작은 소자(素子)에 온갖 기능을 담은 디지털 디바이스와 다양한 정보공간, 네트워크의 플랫폼에 우리는 살고 있다. 모든 사물의 정보와 자료는 디지털화(digital化)되고 있다. 인간 자신도 하나의 디지털데이터일 뿐이다.

현생인류 호모사피엔스의 후예는 디지털사피엔스일까?

2. 자기학습과 인공지능 AI

몇 해 전, 영국의 하사비스 박사팀이 개발한 바둑프로그램 〈알파고〉는 설마 하던 사람들의 예상을 깨고 최고의 인간기사에게 전혀 밀리지 않는 실력을 입증하여 세상을 놀라게 했다. 학습형 인공지능의 출현을 보는 순간이었다. 이후 〈알파고〉는 자기학습을 반복하며 인간이 필적할 수 없는 실력을 완성하고 바둑계를 은퇴하였다.

그러면 〈알파고〉는 필승의 알고리즘을 찾은 것일까? 그것은 아니다. 앞에서 본 괴델의 '불완전성의 정리'에 따라 〈알파고〉도 궁극의 필승수순(手順)을 찾지는 못할 뿐 아니라 그런 수순이 존재하는지 조차 알지 못한다.

컴퓨터의 연산능력은 어디까지일까? 문제의 내용(복잡도)에 따라 컴퓨터의 연산횟수가 결정되고 연산횟수는 곧 연산시간을 결정한다. 알고리즘에 n개의 값이 부여될 때, 이것을 해결하는데, 걸리는 시간이 '변수 n의 다항함수로 나타내어지는 수준'까지가 컴퓨터의 유의미한 연산 한계치라고 한다. 이 한계치를 결정적 다항식(deterministic polynomial)이라 하며 간단히 P라고 표기한다('유한시간 내에 풀 수 있는 문제'라는 의미로 사용된다). 이 기준 P를 넘어서는 문제의 경우, 연산이 가능하더라도 시간이 무한대로 소요되므로 현실적 효용성이 없는 것이다(연산을 수억 년 계속해도 끝나지 않을 수 있다). 이 연산시스템 여러 개를 병렬 연결한 대형컴퓨터라고 해도 결과는 달라지지 않는다.

〈알파고〉가 필승의 수순을 찾지 못한 이유는 무엇일까? 바둑에서 '최선의 수(手)'를 찾는 알고리즘에 나타나는 복잡도가 '결정적 다항식 P'를 넘어, 지수함수 수준이기 때문이다.

- "바둑에서의 변화의 수는 우주전체의 원자의 개수보다도 많다. (데미스 하사비스)"

또 다른 두뇌게임으로 인기 있는 스도쿠퍼즐의 원조 마방진 문제에서도 컴퓨터가 그 궁극의 답을 찾지는 못한다.

역설적으로 컴퓨터의 한계를 확인 하면서 암호학과 보안기술이 발전하고 가상화폐가 등장한다. 이들은 소인수분해, 타원방정식(이 모두 연산복잡도가 P를 넘어선다), 분산저장(블록체인) 기술 등을 이용하여 보호해야 할 정보, 암호키를 컴퓨터가 찾지 못하도록 하거나 데이터를 변조할 수 없도록 하는데 초점을 맞추고 있다.

그런데 학문적 한계인 '불완전성'이 오히려 컴퓨터의 추론능력 확장을 유인하는 계기가 되고있다. 컴퓨터는 자기학습을 반복하며 강력한 예측값을 찾아 나선다. 자기학습과 강력한 예측값 - 이것이 인지

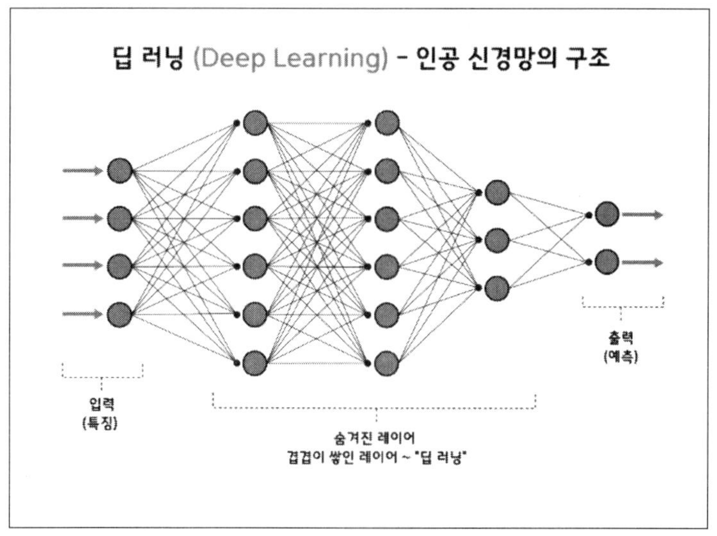

▲머신러닝의 하나인 '딥러닝' 개념도, (출전 : 마이크로소프트 bing/images)

과학 즉, 인공지능의 방향이다.

자기학습(self-supervised learning)은 수억 개의 매개변수를 수용할 수 있는 수십 개의 '기능별 함수군(函數群)'의 층(layer)으로 이루어진 구조를 통해 실행된다. 이 깊은 수용성과 탄력성 있는 구조를 통해 업데이트와 피드백을 반복하며 개선된 예측값을 찾아나가는 것이다.

최근에는 구조적 언어로 결론을 도출하는 언어모델 챗GPT를 시작으로 음성 모델, 이미지 모델 등, 이른바 생성형 인공지능(Generative AI) 프로그램이 등장하고 있다. 생성형 AI는 입력값(자연어, 보통은 사용자의 문장)을 기반으로 통계학적으로 가장 적절한 값을 출력하도록 학습된 모델이다(나무위키). 즉, 충분한 크기의 텍스트 데이타로부터 강력한 신뢰도를 갖는 예측값을 추출하고 이를 구조적으로 조합하는 시스템으로, 개인과 기업을 비롯한 모든 사용자에게 새로운 편리함과 완성도 높은 변화를 가능케 해주고 있다.

컴퓨터는 답을 구하고 정보를 찾아내는 평면적 기능을 넘어, 능동적으로 정보를 구성하고 지식, 기술을 생산하는 입체적 능력의 존재로 진화하고 있는 것이다. 제2의 디지털혁명이 시작되었다는 주장까지 나오고 있다. 이제 컴퓨터는 IT혁명, 패러다임을 넘어 인간의 동반자가 되고 있는 것이다. 그런데 이 지점에서 돌아봐야 할 것이 있다. 인공지능은 인간의 지능과 같은 것인가?

‘절차적 연산의 연결’인 컴퓨터의 작동이 인간의 지능과 같을 수는 없지만 ‘상당한 정도로 비슷하여 구별하기 어려운 상태’에 이를 때, 이를 인공지능(AI)이라고 인정한다.

(튜링의 인공지능 판별기준 - 튜링테스트)

3. 꿈의 기계의 역설

튜링은 이미 인공지능의 출현을 예견하고 인공지능의 정의에. 대한 기준을 제시하였다.

튜링의 기준에서 보듯이 인공지능에는 영혼이 없다. 인공지능은 기계작동의 결과인 것이다. 특정 모델을 뛰어넘어 적용범위를 넓힌 광역 인공지능(AGI)도 연구되고 있다. 그러나 이것도 생명이 갖는 지능과 정서에 연유한 것은 아니다.

인공지능을 오해하거나 탐욕적 의도로 악용하는 경우, 인간사회의 윤리와 질서가 단숨에 무너지고 생명의 존엄성이 침해되는 결과가 야기될 수 있다. 판사가 써야할 판결문을 챗GPT가 썼다는 보도가 있다. 어느 나라 입법부에서 신나게 통과시킨 새로운 법령이 알고 보니 인공지능의 작품이라는 보도도 있다. 학생 스스로 만들 과제물을 AI가 만들고, 수학여행의 아름다운 추억을 AI가 기행문으로 작성하고, 어버이날 부모님께 드리는 감사의 편지도 AI가 쓰면 어찌되나? 인간의 기쁨과 행복도 인공지능이 대신 느껴주는 세상 - 인간은 그 거짓의 바다에서 헤엄치는 허망한 존재가 될지도 모른다.

더욱 충격적인 지적도 있다. 인간에 대한 모든 정보를 파악한 인공지능이 물리적, 제도적요소와 결합하여 체계를 갖추고 선동과 파괴능력을 갖게 되는 일이다. 갈수록 가속이 붙는 AI의 파급력을 볼 때, 그 역기능의 폭발성을 예견할 수 있다.

- "AI체계가 인간의 통제를 넘어서고 지구정복(AI takeover)을 시도할 수 있다(스티븐 호킹)"

미래 인류의 모습을 그린 작품이 있다. 영화로도 만들어지며 관심을 모았던 연재만화 '지구를 향하여(1977, 다케미야 게이코)' – 파괴되어버린 지구를 떠나 먼 외계행성으로 이주한 인류, 모체출산이 아닌 인공출산으로 태어나 인간성을 제거당하고 컴퓨터 조직체에 의해 통제되는 질서 속에 살아간다. 그 옛날 푸르고 아름다운 지구에서 있었던 행복한 인간사회의 이야기를 전설처럼 그리워하며.

악마 메피스토가 만들어 주는 젊음과 능력에 취해 끝없는 욕망을 채우려다 자기의 영혼을 내놓게 되는 파우스트처럼, 탐욕에 중독된 인간이 자신의 영혼을 스스로 팔아버리는 어처구니없는 일이 일어날 수도 있는 것이다.

현생인류 호모사피엔스의 호모(Homo)는 사람, 즉 '존엄'을 뜻한다. 인간존엄의 근거는 무엇일까?

이는 바로 인간의 영혼이 자유의지를 가진 존재이기 때문이다. '자유'는 인간이 지니는 최고의 가치인 것이다.

꿈의 기계 컴퓨터의 역설 - "호모사피엔스가 자유를 빼앗기고 영혼 없는 디지털사피엔스로 되는 일"을 경계하여야 할 것이다. 특히 상업적, 정치적 목적과 결합한 인공지능의 무분별한 사용에 대하여 윤리적, 규범적 기준을 제시하여야 하며 기술적 검증과 필터링을 강화하는 노력이 병행되어야 할 것이다.

- 괴델의 '불완전성의 정리'는 인류의 새로운 희망일까, 마지막 좌절의 신호일까?

이 질문에 답해야 할 때가 온 것이다.

우리 사회 갈등, 이해와 사랑의 커뮤니케이션으로 극복해야

서재원(고 19회)*

베이비부머 세대와 산업화 세대의 삶과 교육 환경

일본 제국주의의 한반도 병합과 함께 닥쳐온 조선왕조의 종말, 그리고 한국전쟁의 비극으로 연속되던 우리 민족사에 희망의 서광이 비취이기 시작하는 계기가 된 것이 60년대에 시작된 산업화이었다. 당시 산업화 시대의 문을 연 주역은 지금의 70대 이후 세대 즉 산업화 세대였고, 산업화를 넘어 현재의 OECD 반열에 대한민국을 올려놓은 주역의 세대가 베이비부머 세대라 할 수 있다.

필자가 속해 있는 베이비부머 세대의 어린 시절을 돌이켜 생각하면, 60년대 농어촌 지역 가정의 통상적인 자식 교육은 형편이 아주 어려운 집은 사육(事育하다 : 아이를 기르다), 먹고살 만한 집은 육성(育成 : 길러 자라게 하는 일)이나 양육(養育 : 아이를 보살펴서 자라게 함)이라 칭하는 것이 적합한 정도로 열악하였다.

---

* 13대 포천중일고총동문회장

교육열이 조금 있는 집의 경우, 부모가 자식에게 기본적인 의식주와 교육에 드는 최소한의 비용을 제공하고, 가족과 사회의 윤리, 도덕을 준수토록 계도하는 것이 고작이었다. 그도 흔치 않은 경우라 할 수 있다.

당시는 자식에 대해 지속적인 관심과 애정을 갖고 교육하는 집이 거의 없었다 해도 과언이 아닐 것이다. 심하게 표현하면 자식을 방목(?)하여 기르는 정도의 집이 많았다. 그러나 가정의 형편이 어려워서 어쩔 수 없어 그랬지, 당시 할아버지 할머니, 부모님의 교육에 대한 가치, 열의, 필요성 인식 등은 대단하였다는 생각이 든다.

내 고향 포천 북동부 지역은 가정 교육 환경이 더 열악하였다. 6.25 한국전쟁 수복지역이 있고 격전지가 있는 창수면, 영중면 등은 아이들이 전쟁 때 남겨진 포탄이나 불발탄을 주워 가지고 놀다 폭발사고를 당하는 경우도 종종 있었다. 특히 방학이나 휴일에는 아이들은 아침밥을 먹고 집을 나가면 점심은 알아서(?) 챙겨 먹고(굶는 아이도 많았다) 놀다가, 저녁때 귀가하는 경우가 많았다. 그러니 부모는 저녁에서야 아이들의 무사함을 확인할 수 있었다. 자식이 들판에서 놀다 폭발물 사고나 익사 사고 등을 당해도 저녁에나 알게 되는 기가 막힌 비극이 종종 있었다.

또한 60년대에는 지금의 초등학교에 해당하는 국민학교가 의무교육이 아니어서 매달 또는 분기별로 수업료를 학교에 냈는데, 이를 월사금(다달이 내던 수업료), 육성회비라고 하였다. 넉넉지 못한 가정에서는 감당하기 어려워 아이를 아예 학교에 못 보내거나 중도에 자퇴,

휴학시키는 경우가 많았다.

정치, 경제, 사회 성장 주역들의 다른 생각, 그리고 갈등

도입부가 너무 장황하였다. 베이비부머 세대와 산업화 세대는 어린 시절에 부모의 사랑이나 관심은 물론이고, 보살핌조차 받지 못하고 자랐다. 유아기, 유년기, 청년기를 이렇게 성장한 그들은 대부분 사회생활을 대책 없이 시작하였다. 그나마 경제 성장기여서 자리(직장 등)를 잡고, 그럭저럭 가정을 꾸리게 된 것만도 다행스러운 일이었다. 이들은 우리나라가 경제 발전의 기틀을 마련하고, 오늘의 대한민국을 이루는 데에 초석이 되었다.

이들의 바로 다음 세대인 소위 386이라 일컬어지는 X세대, 그리고 한참 후인 80년 이후에 출생한 세대인 Y세대, 그리고 밀레니얼 세대는 이전의 베이비부모 세대, 산업화 세대와 비교하면, 일반적으로 성격, 생각, 성향, 이념, 가치관 등에 있어 엄청난 차이가 있다.

1960년대 후반 이후 우리 경제의 고도 성장기에 태어난 X.Y 세대와 베이비부머 세대, 산업화 세대는 자라난 과정, 살아온 환경, 역할 등에 있어 달랐으니 당연하다 할 수 있다. 동시대를 오랜 기간 중첩해서 함께 살아가는 세대들로서 생물학적 동질성을 외에 다른 점이 너무 많다고 말할 수 있다.

공통점이 많아 같은 세대로 분류해도 좋은(?) 베이버부머 세대와, 산업화 세대 즉 지금의 60-80대 분들과 다음 즉 386세대 등 X 세대

이후 즉 나이로 말하자면 30-50대 간에는 가정, 정치, 경제, 사회 등 여러 부문에서 많은 갈등이 일고 있어 문제가 되고 있다. 갈등 원인과 책임이 간단치는 않지만, 각각의 세대에서 그것을 찾아본다면 아래와 같지 않을까 생각한다.

일반적으로 베이비부머 세대와 산업화 세대는 우리 가정경제 국가경제를 빈곤해서 벗어나게 하고 지금으로 발전시키는 데에 기여했다는 자긍심으로 인해 삶의 방식, 태도, 가치, 지혜 등에 대하여 지나치게 큰 확신을 가지는 경향이 있다.

반면에 다음 세대인 386 세대, X.Y 세대, 밀레니얼 세대의 일반적 의식은 우리 정치, 경제, 사회의 민주화, 성숙화, 합리화, 선진화, 시민사회화에 크게 기여했다는 자존감, 자긍심이 대단한 듯싶다.

과유불급이라고 했다. 각각의 기여도, 자긍심, 주견, 주장 모두 일리가 있다. 그런데 다른 시대를 살아온 구성원들과 소통하고 합의하는 과정에서 그것을 지나치게 주장하고 강조하며 다른 세대의 주장, 견해를 인정치 않음을 넘어 부정하려 드니 더더욱 문제가 되곤 한다. 아울러 다른 세대에게 심리적 피로를 줌으로써 반발을 야기하고 그 결과 나름대로 갖는 당위성마저 부정당하는 부작용이 일고 있다. 지하철 등 공공장소, 가정.지역 모임 등 사적 장소에서 그와 같은 모습을 흔히 발견할 수 있다. 참 안타까운 일이다.

세대 간 갈등은 반드시 일방의 문제만이 아닌 쌍방 아니 사회 전

반에서 문제점과 솔루션을 찾아야 한다.

중요한 것 또 한 가지- 베이비부모 세대, 산업화 세대 분들은 사랑에 대한 생각, 행위, 느낌에 대하여 익숙하지 않음은 물론, 아예 문외한인 분이 많다는 점이다. 사랑의 감정을 만들고, 주고받는 방법조차 몰라 여러 세대와 갈등을 일으키곤 한다. 가정, 학교, 사회로부터 사랑을 받지 못하고, 자식에게는 사랑을 베풀 여유와 시간을 갖지도 못하고 '사는 데 '만 '급급하게' 살아온, 사랑의 지식과 교육이 부족한 세대가 그들이다. 불행이다. 그리고 이해가 된다.

그들은 의식주 문제를 해결하는 데에 급급하고, 어려운 가정, 국가의 경제를 극복하는 것을 최우선으로 하는 삶을 살았다. 근면, 성실, 저축이 생활의 최고 덕목이고, '하면 된다'가 국가, 사회, 직장의 일상 구호였던 시대를 산 사람들이었다. 쉴 틈, 사랑과 행복을 나눌 여유도 없이 일하다, 겨우 먹고살 만하니 나이가 들어 노후를 맞이하게 된 불행한(?) 세대이다. 이후 세대와는 전혀 다른 세상을 산 분들이다.

세대 간 갈등의 솔루션

지금까지는 세대 간 갈등의 원인과 책임을 주로 베이비부머 세대와 산업화 세대에서 찾아보았으나 갈등을 해소하기 위해서는 다양하고 현명한 해법이 마련되어야 한다.

필자는 이상의 글에서 산업화 세대, 베이비부머 세대와 다음 세대들인 386, X.Y, 밀레니얼 세대와의 갈등만을 예로 들어 말했지만, 우리나라, 우리사회의 세대 갈등은 지속적으로 발생하여 크게 부각되고 있어 정치 사회적으로 아니 국가적으로 크게 문제가 되고 있다는 점에 주목해야 한다. 지금의 정치 현장에서는 386 퇴진론와 더불어 MZ 세대와 그 이전 세대 정치인들과의 갈등이 또 문제가 되고 있다.

세대 간 갈등은 반드시 해결되어야 하나 반목과 강한 주견만으로는 절대 극복되지 않는다. 서로를 진정으로 이해하고, 사랑하는 데에서 해결의 단초를 마련하고 현명한 소통 기법이 마련되어야 한다.

이런 측면에서 보면, 우리 사회는 지금 민주주의에 대한 심도 깊은 사고와 교육, 그리고 효율적인 커뮤니케이션 기법이 절실히 필요한 때라 할 수 있다.

개그 프로그램에 나오는 대사이다.

'……너희들은 싸워도 되는데 왜 웃으며 얘기하니?'

오죽 소통이 어려운 사회이면 이런 대사까지 나왔을까 싶다.

필자의 한 대학 친구는 서른 넘은 자식과 결혼 문제, 정치, 이념에 대한 생각이 달라 자주 다툼과 갈등이 있어 큰 걱정이라는 말을 하곤 했다. 그래서 그 얘기를 들은 필자는 친구에게 이런 제안을 하였다.

갈등이 있는 문제를 의제로 하여 자식과 차분하게 얘기를 해 보는데, 감정을 최대한 삭히고(다툼 없이, 싸우지 말고), 최소한 한 시간 이상 대화를 해 보라고, 그러면 해법이 나올 수도 있으니……. 그러나 그 대화에는 엄격한 커뮤니케이션 룰을 만들어 꼭 지키야 한다는 다짐까지 하였다.

당시 친구에게 말한 커뮤니케이션 룰을 소개하면 다음과 같다.

첫째, 의제를 잘 정하고 그 커뮤니케이션은 엄격히 순서를 정하여 반드시 순서대로 말할 것. 둘째, 서로의 발언 시간을 정해 놓고 꼭 지킬 것. 셋째, 상대 발언 중에는 절대 말을 끊거나 자르지 말고 본인의 순서에서만 발언할 것. 넷째, 절대 커뮤니케이션 의제에서 벗어난 얘기는 하지 말 것. 다섯째, 언성은 최대한 낮추고, 손짓, 몸짓은 삼갈 것. 여섯째, 상대의 생각, 논리에 타당성이 있으면 적극적으로 받아들이려고 노력할 것. 일곱째 이상의 커뮤니케이션 룰은 대화 중 계속 서로 주지하고 상기시킬 것. 마지막으로 커뮤니케이션을 스포츠 경기, 게임이라고 생각하며 쿨하게 받아들이고 결과를 인정하고 그에 승복할 것.

필자는 친구가 아주 좋은 효과를 보고 아들과의 관계가 원만해졌으리라고 확신한다. 우리나라 교육 과정에 반드시 필요한 것이 커뮤니케이션, 즉 소통 기법이다.

우리나라가 정치, 경제, 사회 등 제 부분에서 괄목상대할 만한 성장을 이뤘지만 가장 후진적인 부문이 정치, 사회 등에 있어 인간관계 시스템, 그 중에서도 커뮤니케이션(소통) 부문이라는 생각이다. 우리나라의 이 부문 점수는 필자 생각으로는 거의 빵점에 가깝다는 생각이다. 그 덕택에 가장 낙후되고 국가 발전에 저해가 되는 부문이 정치요 지탄받는 이들이 정치인이다.

비교적 성숙한 시민사회를 갖고 있는 나라의 방송, 교육 현장을 보면 대화, 토의, 토론으로 국민, 사회, 구성원의 합의를 원만하게 이끌어내고 갈등을 줄이는 모습, 현장, 방송 프로그램을 흔하게 발견할 수 있다.

민주적인 커뮤니케이션은 먼저 서로의 말을 잘 듣고, 그 다음에는 이해하려 노력하고, 이해하며 생각을 좁혀 가는 데에서 시작된다. 민주주의는 커뮤니케이션과 이해, 사랑을 먹고 자라는 존재이다.

심각한 쟁점 사안이 있는 화제에 대하여 부부지간, 부자지간, 친구지간 아니 정치, 사회 전체에 솔직하고 이성적인 토크, 토론을 마련해 감정적, 육체적 다툼 없이 합의점을 찾아가는 민주적 커뮤니케이션을 제안해 본다.

갈등해결의 시작은 배려와 사랑으로

그리고 우리 사회 구성원 모두는 개인, 가정, 조직, 단체, 계층, 지역 등의 이익을 지나치게 추구하는 집단적 경향(팬덤 정치 등)에 대하여 심도 깊게 성찰하고, 개선하여야 한다고 생각한다. 내 것을 먼저 내려놓으면서 남의 것을 배려하는 자세가 필요하다.

'사촌이 땅을 사면 배 아프다'라는 속담, '내려다 보고는 살아도 쳐다보고는 못 산다'는 속담을 곱씹어볼 일이다. 현대는 개성과 다양성의 시대이다. 비교는 불행의 시작일 수도 있다는 것을 유념해야 한다.

지금 우리 사회는 정치, 경제, 사회, 복지, 이념 등 여러 쟁점 사안에 대하여 계층 간, 세대 간, 지역 간 이견과 갈등이 심화되고, 이익이 상충하여 원만한 타협점을 찾지 못하고 있다. 그 결과 정치, 사회, 경제 등 제 분야에서 혼란이 일고 있다.

그 와중에서 소외된 이웃, 어렵게 살아가는 이웃에 대한 관심과 사랑, 배려가 점차 축소되고 있다. 가족, 사회 구성원 간의 인정 또한 엷어지고 있다. 삭막하게 변화하는 세태에 대한 우려의 목소리가 높아지고 있다. 매우 안타까운 현실이다. 필자의 자작시로 이 글을 마감할까 한다.

사랑으로

서재원

개나리가 만약
정월 강추위에 꽃을 피우면
민들레가 만약
가을에 꽃 피워 홀씨를 날리면
우리는 사랑으로
그들을 살펴 보아야 한다

서녘 하늘을

발갛게 물들여가는
황혼 물결을 바라다 볼 때
가을 햇살에 빛나는
시월 가을장미의
현란한 오색 향연을 볼 때

감흥이 없는 모두는
사랑 연습을 해야 한다

세상에 상처를 받고
가슴 저려하는 사람에게
사랑하는 사람을 잃고
온몸 아려하는 사람에게
사랑의 은혜가 있어야 한다

나의 미술관 답사기

김창수(고 21회)

1. 들어가며

'포천일고 개교 70주년 기념문집 글을 모읍니다'라는 문자와 함께 회장님의 원고 제출 勸誘를 받고, 동양철학 논문이나 한 꼭지 써서 보낼까 생각하다가, 최근 작은아들 만나러 가서 들렀던 몇 군데 미술관 기행문을 적어 보는 것으로 마음을 고쳐먹었다.

얄궂은 일을 일단락하고, 가족마일리지에 힘입어 왕복항공권을 얻은 것이 두 번째 미국여행의 계기였고, 2023년 11월 21일부터 12월 6일까지 주로 쏘다닌 곳이 소위 아이비리그라는 유수대학들과 박물관, 미술관이었기에, 나름 멋진 여행이었다고 하겠다.

인천에서 열네시간의 비행으로 지루한 여정이 시작되었고, 뉴욕JFK 공항에 내려서부터는 입술에 풍선 터뜨려가며 즐긴 나름대로의 學習旅行이라고도 할 것이다.

2. 보스톤 等地에서의 旅行

약 30년전 한국방문시의 歡待를 잊지 못한다며 호텔을 5일 잡아놓은 妻姨從 동생 덕에 프로비덴스(RI)에 머물며, 구석구석 쏘다니게 되었고, 도착한 날은 보스톤 강 건너 캠브리지 호텔에서 묵으며, 인도음식 등 이색적인 맛 기행도 하였음은 물론이지만, 외출하다 앞으로 고꾸라져서 상처를 입었고, '謹愼하라'는 가르침으로 새기게 되었다.

이튿날 비가 내렸기에, MIT 교정을 走馬看山격으로 가로질러 가다가 메인빌딩 앞에서 사진 한 장 찍고, 하버드(Harvard)대학교로 바로 向했다. 옌칭도서관을 들러볼 생각을 가졌던 나의 계획은 비가 추적추적 내리는 가운데 가족의 반대로 하버드대 박물관을 관람하는 것으로 바뀌었다. 인도 등지에서 가져온 珍貴한 보물도 여러 점 눈에 들어왔는데, 우리 문화재가 일본 등에 의해 掠奪되었듯이, 미국도 훔쳐왔거나 빼앗아온 것은 아닌지 고개를 갸우뚱해본 것이 사실이다.

박물관을 나와 하버드 구내書店엘 갔고, 많은 책 중에 10불짜리 헤르만헷세의 소설 싯다르타(Siddhartha)를 골라 챙긴 후, 길을 나서 冷우동 맛을 보고, 이태리식당에서 점심을 먹은 다음, 보스톤市廳 등 시내를 두 시간 가까이 쏘다녔다.

해 질 무렵 宿所(Hilton Garden Inn Providence)에 짐을 풀고, 식사 招待 시간에 맞추어 식당으로 가, 처이모님 등 가족과 다시 만난 반가움을 한껏 나누었고, 그 후 그곳에 있는 동안 매일 만나 시간을 함께 보냈는데, 특히 12. 23.은 Thanksgiving Day여서 오후에 칠면조(Turkey) 파티와 그 다음날 Black Friday 쇼핑도 함께 하는 등 미국적 문화를 실제적으로 體驗한 꼴이 되었다. 뉴포트에서 대서양을 바라보며 찬 공기를 깊게 들여 마셔본 것도 그곳에서 일군 하나의 所得이라고나 할까싶다.

며칠 머무는 동안 로드아일랜드(Rhode Island) 의회 등이 보이는 언덕에도 올라 보았고, 브라운(Brown)대학교 교정 산책은 물론, 도서관에 들어가 꽤 오래된 책을 몇 卷 꺼내보며 어떤 이가 빌려보았는지까지 읽었고, 좋은 勉學분위기에 명문대학이라는 名聲이 하루아침에 이루어진 것이 아니라는 것을 首肯할 수 있었다.

시내를 다니다가 星條旗와 함께 太極旗가 걸려 있는 慰靈塔을 발견하고 살펴본바 한국전쟁에 參戰하여 희생된 RI출신 베테랑 미군들의 姓名이 바닥돌에 일일이 새겨져 있는 것을 보았기에 잠시 肅然해졌고, 미국이라는 나라가 대단하다는 생각을 다시금 하게 되었다.

11월 26일 아침식사를 妻男 內外와 같이 하고, 브라운대 敎授연구실과 실험실을 둘러본 후, 여러 날 配慮에 감사하며 헤어져, 아들 집으로 향했다. 아들이 母校(EF NY)에 들러 高校시절을 회상할 때는, 나도 덩달아 우리 모교 포천일고도 명문고로 거듭나기를 所望해 보았다. 뉴저지의 한인식당에서 맛없는 국밥을 점심으로 먹고, 커피를 사들고 먼 길을 달려 6시 40분에 필라델피아 아들집에 도착할 수 있었다. 나는 조수석에서 졸기 바빴지만, 주룩주룩 내리는 빗속을 뚫고 長時間 운전한 작은 아들에게 感謝했다.

3. 워싱턴DC와 필라델피아 미술관 기행

필라델피아 아들집에 열흘간 머물면서 나이아가라폭포에 가는 것을 포기하는 대신 박물관, 미술관을 探訪하기로 하였다. 중간중간 한인식당에 들러 韓食과 함께 막걸리(월매, 담소)를 마신 것은 내가 '포천사람'이라서 그랬을 것이라고 同意한다.

차이나타운에 가서 도미찜을 먹는 등 食道樂을 즐긴 것도 分外의 기쁨이었지만, 젊은이들의 트렌드라는 백팩(Backpack)을 얻어 멘 것 또한 所得이었으리라. 그런데 더 큰 收穫은 미술관 몇 곳을 들러 作品들을 鑑賞하며, 美術工夫를 다시금 하게 된 것이라 하겠다.

11월 29일 일찍 출발해 워싱턴DC로 향했다. 두 시간 가량 스미소니언 박물관 (Smithsonian Museum)을 둘러보았는데, 우선 허쉬혼(Hirshhorn) 박물관에 전시된 미술품들은 中國支配層이 볼 때는 反毛의

不敬스럽기 그지없는 破格的 작품 一色이었다고 할 것이어서, 전시공간이 미국임을 切感하도록 해주었다. 미술작품에 대하여 아는 것이 없다 보니, 모르면서도 아는 척 눈을 껌빽이며 作家가 평생을 바쳐 만들고 그렸을 작품을 觀照하며 '입장 바꿔 생각하기(易地思之)'를 試圖해 보았을 뿐이다.

藝術世界는 내가 사는 世上과 다른 境界려니 여기며 一瞥하고, 바로 건너편에 있는 자연사박물관(Smithsonian National Museum of Natural History)으로 발걸음을 옮겼다. 그곳에는 그야말로 지구과학 공부를 새롭게 해야 하는 驚異로운 전시물들이 어머어마하게 많았다. 20m가 넘는 공룡 뼈가 복원되어 전시되어 있는 등 그야말로 혀를 내두를 수밖에 없는 지경의 壯觀이라고 밖에 表現할 방법이 없었다.

그 밖에도 볼거리는 많았지만, 버지니아(Virginia) 북경오리구이 집에 가자고 하여 다시 길을 나섰고, 그날도 8시가 넘어 깜깜해서야 집에 도착하였다.

하루 쉬면서 광어膾와 막걸리 한 盞 하고, 2달러짜리 복권도 사 보고, 집근처에서 여유롭게 하루를 보낸 후, 12. 1. 금요일 저녁 6시에 두 시간 반 동안 가서 觀覽한 필라델피아 미술관(Philadelphia Museum of Art)은 그야말로 壓卷이었다. 미국 7대 미술관에 드느니, 3대 미술관의 하나라느니 하는 評價는 내 알 바 아니지만, 展示된 作品의 規模나 面面은 感歎과 敬意를 表할 수밖에 없는 것이었다. 劍, 갑옷

따위는 물론, 建築物 등 珍奇한 것들이 매우 많았고, 그곳에서 고흐(Vincent van Gogh)의 '해바라기' 그림을 보고 정말 좋았다. 눈 호강을 실컷 했기에 기분이 좋아서 그러했겠지만, 그곳 홀에서 吟味한 와인 맛 또한 아주 좋았다. 다만 기획전시실에서 전시 중이던 대한민국 작가의 寫眞들은 아무리 前衛藝術(Avant-garde)이라 해도 내겐 憫惘한 작품으로 보인 것이 못내 아쉬웠던 '玉의 티'라고나 할 것이었다.

한 달에 한 번 無料入場(Family Day)이라는 機會를 살려, 12. 3. 일요일에 로댕(Rodin)박물관과 그 옆에 있는 반스미술관(Varnes Gallery, Varnes Foundation)엘 갔다.

자그마한 로댕박물관 門 앞에는 '地獄의 門'이라는 작품이 있었고, 우리에게 널리 알려져 있는 '생각하는 사람'도 있었다. 파리의 로댕미술관에도 있는데, 필라델피아에도 眞品이 많이 있는 것은 여러 個를 만들었기 때문이리라. 설명서를 보니 '생각하는 사람'은 나중에 세 개의 다른 크기로 만들어 보냈다고 되어 있고, 필라델피아에 있는 것은 그 중 中間 크기의 진품(Original)이라는 것이었다. 그런데 작품을 감상하면서 느닷없이 '로뎅'이 '오뎅'이 되고 '덴뿌라'가 되었다는 古典的인 아재개그가 생각나서 결국 同行한 일행을 웃기고 말았다.

한 시간을 로댕에 취해 미술공부를 마치고 나와, 그 옆에 있는 반스미술관으로 갔는데, 헉! 장난이 아니었고, 소위 印象派 畫家들의 作品전시라는 別名이 붙은 特別한 미술관임에 틀림없었고, '필라델피아의 꽃'이라고 일컬어지는 것이 전혀 손색이 없는 미술관이었다.

반스가 醫師로서 抗炎症製 開發과 商品化에 成功하여 이룩한 富를 바탕으로, 르누아르, 세잔, 마티스, 피카소 등 세계적 巨匠의 작품을 중심으로 4,000여 점 미술작품을 모아 만든 私立미술관 겸 재단이라고 하며, 그 중 미술품 900여 점의 價値가 약 250億 달러 이상으로 推定한다는 대단한 것이었다. 누가 블로그에 올린 글을 보니 르누아르 181점, 세잔 69점, 마티스 59점, 피카소 46점뿐만 아니라 고흐의 누드화, 쇠라의 점묘화 등 잘 알려지지 않은 작품도 많다는 것이었다.

실제로 반스미술관에 전시된 그림 앞에 서 보니, 歡喜心이 절로 나는 것을 느꼈고, 1억화소를 자랑하는 핸드폰으로 열심히 사진을 찍었는데, 그것은 그림을 볼 줄 알아서도 결코 아니고, 미술에 造詣가 깊어서는 더더욱 아니었던 것이다. 門外漢이었지만 저절로 그림에 이끌려 빠졌다고나 할까, 특히 르누아르(Renoir)의 그림 앞에서는 微笑가 저절로 번지고, 人生 시름조차 잊을 수 있는 힘이 있었다고 할 것이다. 누가 평했던가? 衝擊的으로 아름답다고! 심지어 짜릿하다고!

마티스의 壁畫가 천장에 전시되어 있다는 것을 事前情報가 없다 보니 보지 못한 것이 못내 아쉬웠지만, 다음을 期約할 수밖에 없었다.

12월 4일에는 IKEA 쇼핑을 마치고, 관절 꺽인 痲藥(펜타닐)中毒者

들이 闊步한다는 필라델피아 켄싱턴(Kensington) 좀비거리를 觀察해 보기로 하고, 車가 그리로 지나도록 했는데, 정말 많은 무리들이 悽慘한 모습으로 모여 있는 것을 볼 수 있었고, 惻隱한 마음은 들었지만 어찌할 道理도 없는 것이어서, 우리나라도 他山之石으로 삼아야 한다는 생각만을 뚜렷이 할 뿐이었다. 씁쓸한 느낌을 뒤로 하고 隣近에 있는 템플대학교 도서관 안에 여권을 보이고 들어가 보니 來日을 일구기 爲해 학생들이 모두 熱心히 공부하고 있었다, 오래전에는 별로였는데 國立이고 學費문제로 位相이 많이 올라갔다는 설명을 아들에게 들었다.

12월 5일에는 마지막으로 멀리 移動하여 롱우드식물원(Longwood Gardens)이라는 Christmas Tree가 멋진 庭園을 다녀왔다. 무려 4.2㎢(약 127만 평)의 面積에 조성한 넓은 공원인데 크리스마스트리로 特化된 곳이었고 다채로운 볼거리를 提供하는 멋진 공간으로 여겨졌다. 미국 전역에서 宗教的 問題提起로 이제는 Chistmas라는 용어를 쓰지 않고 Holiday로 바꿔 부른다고 하니 이곳에도 易의 原理가 作動되나 보다 새삼 느끼게 되었다.

4. 나오면서

결코 잘난 것 하나 없으면서 결국 잘난 체한 꼴이 되고 말았지만, 미국의 몇 군데 미술관을 踏査, 紀行하면서 미술공부를 찐하게 다시 한 것만은 틀림없다. 한 때 選擧詐欺가 日常化된 나라를 떠나 살까도 깊게 苦悶한 바 있지만, 條件成就가 어려운 現實과 險한 일도 해본 지금 이 자리가 極樂이요 武陵桃源이라는 自己催眠으로 대신 美術旅行을 다녀온 것이라고 본다.

艮兌合德이라 했고, 우리나라도, 그 중 抱川도 艮方인지라, 美國과도 잘 어울릴 것이라는 생각을 해보며, 山紫水明의 포천에서 나고 자라며 포천일고의 學恩까지 입은 處地에 어떤 모습으로든 報恩은 하고 죽어야 되지 않을까 머릿속에 되뇌어 보았고, 한편 다짐해 보았다.

개교 70주년! 杜甫가 曲江에서 '人生七十古來稀'라고 읊지 않았던가! 담쟁이(Ivy)가 몇 生을 거듭했을 70年歲月을 한결같이 잘 지내온 '名門 포천일고의 日就月將과 飛翔'을 한 同門으로서 최근 미술공부를 土臺로 그려본다.

"抱川一高여 永遠하라! 同門들이여 날마다 幸福하시라!"

신읍동 도시재생이 인문과 만나다

양호식(23회)*

신읍동 도시재생이 태동하다.

신읍동이 백 년 전에는 신도시였다. 조선시대 관아와 향교가 있던 군내면 구읍리가 포천군의 원도심이었다. 도시는 역사와 함께 문화가 축적되어 고색창연한 멋을 지닐 수 있지만, 지속적인 관리가 이루어지지 않으면 건물이 노후되고 상권이 침체될 수밖에 없다. 신읍동이 신도시로서 한동안 사람이 모이고 모든 활동의 중심이었지만, 건물은 낡아지고 상권을 쇠퇴하기 시작하였다. 주민들은 신읍동의 낙후를 한탄하고 남 탓만 하였다.

퇴보하고 있는 신읍동에 활력을 불어넣고 재도약하기 위한 돌파구를 찾는 사람들이 자생하였다. 2018년 유광택주민 부부가 중심이 되어 도시재생이라는 테마로 신읍동의 재건을 외쳤다. 그해 4월 30일 주민 20명이 포천동사무소에서 포천뉴딜협동조합의 창립총회를 하였다. 국토부에서 선정하는 도시재생뉴딜사업신청을 하기 위한 출발이었다. 포천뉴딜협동조합은 법인등기를 마치고 주민을 일깨우고 자발적으로 할 수 있는 일들을 찾아나섰다.

---

* 법무사, 제14회 포천중일고총동문회 회장

포천뉴딜협동조합은 거리에 휴식처를 제공하기 위하여 자비로 나무의자를 제작하여 곳곳에 배치하였다. 거리의 활력을 만들기 위해 음악동호인을 모아서 버스킹을 시작하였다. 2018년도 후반기에 한 도시재생뉴딜사업신청은 실패하였다. 뉴딜사업의 기본요건도 충족하지 못하였으니 선정되기를 바라는 것이 무리였다. 기본요건은 주민협의체가 구성되어 있어야 하고, 시청의 전담부서가 있어야 하고, 도시재생지원센터가 설립되어야 했다. 뉴딜사업선정을 위하여 준비할 과제가 명확해졌다.

도시재상뉴딜사업에 선정되다.

2019년 1월 24일은 신읍동도시재생주민협의체가 결성된 날이다. 신읍동주민 100여명이 모여서 창립총회를 하면서 신읍동을 재생하자는 결의를 하였다. 포천시청에도 도시재생과가 신설되어 전담부서가 생겼다. 이계삼부시장이 적극 나서 주민협의체와 수시로 회의를 진행하면서 주민의 의견을 모았다.

사업지역의 범위는 포천일고 다리와 구절초로를 경계로 오른쪽 지역, 천주교와 포천보건소에 이르는 도로 아랫 지역, 강병원에서 포천보건소 앞 도로 왼쪽 지역, 한내천 뚝방길 안쪽 지역으로 하였다.

사업테마는 포천의 영어발음이 '행운'을 의미하므로 행운의 의미를 담는 것으로 하였고, 사업지역 내 골목길에서 빈대떡과 막걸리를 팔던 옛모습을 재현하자는데 의견을 모았다. 사업명을 정리하여 '포춘

길막스트리트'라고 정하였다. 행운의 막걸리 거리라는 의미라서 특색이 있어 보였다. 행운을 상징하는 네 잎 클로버로 디자인한 물품을 만드는 것도 염두에 두었다.

2019년 전반기에 뉴딜사업신청도 실패하였다. 포천시산림조합 남궁 종 조합장의 배려로 구산림조합 건물을 도시재생지원센터로 사용하였지만, 센터장이 정식으로 채용되지 않았고, 어울림센터 부지가 확보되지 않은 점 등 미완의 단계였으므로 두 번째 도전의 실패를 감수할 수밖에 없었다.

우선 센터 건물 마련과 어울림센터 신축부지 확보를 서둘렀다. 남궁 종 조합장의 배려로 구산림조합건물을 포천시에서 매입하되 대금 지급은 추경 후에 지급하는 조건으로 소유권이전등기를 선이행하였다. 어울림센터 부지도 같은 조건으로 토지주(최환규)가 선등기를 승낙하였다. 대금도 받지 않고 건물과 부지를 이전등기하는 신기한 일이 성사되었다. 이로써 뉴딜사업 신청 준비가 탄력을 받게 되었다.

주민협의체의 노력도 신바람나게 이루어졌다. 주민들이 예산을 들이지 않고 신읍동을 깨끗하고 아름답게 만들기 위한 사업을 펼쳤다. 거리청소를 정기화하여 '기분 좋은 하루'라는 명칭으로 청소활동을 하였다. 거리가 깨끗해진 모습에 주민들이 기분 좋은 표정을 보이기 시작하였다. 삭막한 골목보다는 화분이라도 있는 골목이 더 아름답게 보이므로 '내 마음의 꽃 한 송이'라는 명칭으로 가게 및 주택 앞 화분 놓기 사업을 진행하였다.

도시재생대학도 개강하였다. 도시재생의 기본개념부터 익히고, 신읍동의 자원을 탐색하고, 신읍동의 특색사업을 발굴하기 위한 의견수렴을 하였다. 주민들에게 도시재생사업을 알리기 위해 소식지의 필요성이 제기되었다. 주민들이 직접 복사를 하여 소식지를 배부하였다. 주민들의 자발적인 노력으로 회의자료와 활동자료들이 차곡차곡 쌓여 수개월만에 5백 면에 이르렀다. 2019년 후반기 뉴딜사업신청은 예상대로 선정의 결실을 맺었다. 사업선정의 소식은 주민 모두를 들뜨게 하였고, 신읍동이 변화할 수 있다는 가능성을 만들어 주었다.

신읍동도시재생이 인문과 만나다

인문은 인간의 문화를 의미한다. 인문은 인간이 만든 문명을 의미하기도 한다. 문화는 인간이 습득, 공유, 전수하는 생활양식이나 행동양식의 과정과 그 과정에서 만들어지는 물질적, 정신적 결과를 의미한다. 문화에는 의식주를 비롯하여 언어, 풍습, 종교, 학문, 예술, 제도 따위를 모두 포함한다. 문화가 물질적 영역을 포함하듯이 인문 또한 물질적 영역까지 포함한다.

인문은 인간이 가지는 고유성과 정체성을 드러낸다. 인문은 인간다운 인간, 즉 인간다움을 표현한다. 인문의 시작은 의외로 간단하다. 인간이 바로 서게 되는 직립에서 인문이 시작되었다. 인간이 직립하면서 두뇌가 다른 동물보다 안정되고 빠르게 발달하였다. 인간은 커진 두뇌를 계기로 사고력이 급격히 신장되었다. 더 넓게, 더 깊게, 더 높게 사고하는 힘은 사물과 현상을 분석하고 종합하기에 이르러 철학의 생성을 가능하게 하였다. 철학적 사유를 통하여 사물과 현상에 내재된 원리를 발견하고 이를 활용할 수 있게 되었다.

인간이 직립하면서 손을 자유자재로 활용할 수 있었으므로 문자를 만들어 낼 수 있었다. 문자생활이 가능해지면서 의사표현이 문자로 가능해지고, 기록을 할 수 있게 되었다. 음소가 모여 음절이 되고, 음절이 모여 단어가 되고, 단어가 모여 문장이 되고, 문장이 모여 글이 완성되었다. 이야기를 적은 수필이나 소설, 희곡이 만들어졌고, 소설을 정제 압축하여 시를 표현할 수 있었다. 문학의 생성은 바로 문자생활의 큰 소득이었다. 문자를 통한 기록은 역사를 정리할 수 있게 하였다. 인간이 직립을 통하여 사유와 문자생성이 가능해지면서 문학, 역사, 철학이 정립되게 되었다.

인간이 직립하면서 손을 활용한 활동이 가능해졌다. 인간이 재배나 제작을 하면서 물질적, 예술적 생산물이 만들어졌다. 인간이 타제석기, 마제석기, 청동기, 철기를 만들어 정착생활을 시작하였고, 농산물을 생산할 뿐만 아니라 잉여농산물을 발생시켰다. 처음에는 물물교환 형태로 잉여생산물을 나누게 되었지만, 교환가치를 매개하는 화폐를 고안하여 시장경제를 형성하였다. 시장이 형성되면서 사람이 집합하게 되어 도시가 만들어지게 되었다. 도시에서는 경제활동 뿐만 아니라 정치, 행정, 사회, 문화예술이 결집하게 되었다. 도시는 주거, 생산, 소비, 오락, 휴식, 관광, 예술 등이 한 곳에서 가능하게 하였다.

인문은 바로 인간의 사유, 문자활용, 재배와 제작을 하는 경제, 예술활동과 밀접한 관련이 있다. 인문활동은 바로 생각하는 사람, 문자를 활용하여 책을 읽고, 글을 쓰는 사람, 새로운 것을 만들어내는 사람의 활동이다. 도시는 인간이 중심이 되고, 인문활동이 이루어지는 중심지가 되었다.

도시는 시간이 지나면서 성장과 쇠퇴를 겪게 되었다. 쇠퇴하는 도시에 활력을 불어넣고 외관을 미화하는 작업이 필수적으로 필요하다. 활력과 미화를 만들어내는 주체는 인간이고, 방법은 인문활동이다. 인간의 인문활동과 도시재생은 필연적 연결관계를 맺고 있다. 그 관계는 전후관계일 수도 있고, 순환관계일 수도 있다. 인문과 도시가 좋은 관계를 맺을 때 도시도 활성화되고 인문도 꽃을 피우게 된다.

신읍동도시재생이 인문의 날개를 달다

도시재생에는 기본철학이 있어야 한다. 기본철학은 도시재생의 원리를 제공한다. 도시재생은 주민이 주도적으로 추진하는 사업이므로 주민이 주인의식을 가져야 한다. 세상이 나로 말미암아 변화한다는 유기(由己)의식이 필요하다. 해답이 다름 아닌 나에게 있다는 의식이다. 주인은 남의 탓이라고 하지 않고 내 탓임을 인정한다. 그 누가 먼저 나서서 해결해주기를 기대하지 않고 스스로 솔선수범에서 해결책을 찾게 된다. 그 다음으로 필요한 자세는 혼자보다는 여럿이 하는 것이 더 효율적이라는 것을 실천하는 것이다. 여럿이 함께 하면 더 낫다는 의식을 공동체의식이라고 한다. 서로를 인정하고, 더불어 잘 되자는 공동체의식은 지역의 활력을 위하여 반드시 필요하다. 세 번째로 필요한 자세는 현장에 답이 있다는 현장의식이다.

주민들은 이에 맞추어 신읍동도시재생을 추진할 실천강령을 만들었다. 그 실천강령은 다음과 같다. 1. 우리 동네일에 내가 먼저 나서서 참여하고 노력한다. 2. 혼자 보다는 여럿이 함께 힘을 모아 실천한다. 3. 우리 안에 해답이 있으므로 자율적인 자세를 갖는다. 4. 이웃을 내 가족처럼 여기고 따뜻하게 인사한다. 5. 내 집 앞, 내 가게 앞을 늘 깨끗하게 청소한다. 6. 내 집 앞, 내 가게 앞에 화분을 비치한다. 7. 지역 상점을 서로 이용하여 지역상권을 살린다. 8. 쓰레기 줄이기와 분리수거를 실천한다. 9. 한 달에 한 권 이상, 시 한 수 이상을 읽고 생각하고 토론한다. 10. 지역에 있는 자원을 발굴하여 육성하고 활용한다. 11. 여유롭고 흥겨운 생활을 실천하여 문화예술을 진흥한다.

신읍동도시재생의 목표는 상권활성화와 주거환경개선 및 공동체복원이었다. 주민협의체는 공동체 결성부터 시작하였다. 상권활성화는 상인들이 주체가 되어야 하므로 신읍동도시재생상인회를 결성하였다. 상권활성화는 위하여 경영개선컨설팅을 받도록 하였고, 식당개선을 위하여 메뉴개발, 서비스개선방안을 제공하였다. 상인들은 마홀장터 상인협동조합을 결성하였다. 주거환경개선을 위하여 지속적인 수리개선을 담당할 협동조합이 필요하였으므로 건축기술을 가진 전문가들이 두레건축협동조합을 결성하였다. 청년들도 신읍동도시재생청년회를 결성하여 버스킹, 페이스페인팅, 수제악세서리제작 등을 하면서 신읍누리청년협동조합을 결성하였다.

깨끗하고 아름다운 도시는 일상적인 사업이 되어야 하므로 기분좋은 하루, 내 마음의 꽃 한 송이 사업을 지속적으로 시행하면서 주민들이 스스로 참여할 수 있는 계몽활동을 강화하였다. 점차 상인분들이 가게 앞을 청소하고 흡연가를 위해 담배꽁초 용기를 설치하는 등 자발적인 노력을 보여주었다.

사업지구 내에 낡은 건물들이 헐리고 신축건물이 들어서기도 하였고, 대단위 임대주택이 신축되기도 하였다. 기존의 건물의 외관을 리모델링하는 건물도 나타났다. 도시재생사업으로 인하여 도시경관이 좋아지기 시작하였다. 무엇보다 낡은 건물 밀집지역이었던 곳에 어울림센터건물이 신축되면서 신읍동에 랜드마크적인 건물이 신축되어 볼거리를 제공하게 되었다.

건물 외관이 바뀌는 것으로 도시재생은 완성되지 않는다. 그 지역에 거주하는 사람들이 변화하지 않으면 도시재생은 반쪽밖에 되지 않는다. 문자로 이뤄진 책을 읽는 것은 기본적인 인문활동이다. 책읽기를 통하여 스스로를 성찰하고 다듬어서 인간다운 인간으로 거듭나게 된다. 사유의 산물인 책을 읽는 것은 사고력과 상상력을 높여서 일신과 향상을 이끌어낼 수 있다. 주민들의 의식향상을 위해 한 달에 한 권의 책을 추천하고 함께 읽는 운동을 펼쳤다. 주민들이 쉽게 읽을 수 있는 책을 선정하여 교양수준을 높이고 때로는 생활정보를 제공하기도 하였고, 삶의 문제도 함께 해결해보는 기회가 되었다. 포천시의 상징어인 행운에 관계된 책으로서 '운을 읽는 변호사'라는 책은

운이 저절로 들어오는 것이 아니라 사람의 선한 생각과 행동이 운을 불러온다는 사실을 재미있게 확인하였다.

또한 한 달에 한 편의 시를 선정하여 함께 읽고 음미하는 운동을 벌였다. 생활 중에 도움이 되고, 주민의 공동체의식을 높일 수 있는 시를 선정하여 함께 읽는 동안 스스로의 의식이 깨어나는 것을 느낄 수 있었다. 조동화 시인의 '나 하나 꽃 피어'라는 시는 주민 각자의 노력이 합하여 멋진 결과가 이뤄지는 것을 알게 하였다. 도시재생 과정에서 힘이 들 때마다 도종환 시인의 '흔들리며 피는 꽃'은 흔들리지 않고 피는 꽃이 없다는 사실을 인식하면서 많은 위로와 힘이 되었다. 책 한 권과 시 한 수는 보이지 않게 의식세계를 변화시켜 주었고 풍요롭게 만들어 주었다.

글을 쓰는 것은 독서의 산물이며 최고의 인문활동이다. 독서를 통한 사유활동의 결과가 글쓰기로 연결되므로 최종단계의 인문활동이 되는 것이다. 주민협의체에서는 주민들이 신읍동에 관하여 다양한 소재로 글쓰기를 하도록 권장하고 있다. 신읍동의 오래된 가게(노포)를 취재하는 기사도 실었다. 부친을 이어 70년 이상 영업하고 있는 백금사, 50년 이상 약국을 운영하는 동아약국, 50년 이상 사진관을 운영하는 제일사진관 등 노포들을 취재하면서 경영철학을 엿보기도 하였다. 소식지에서는 잘되는 식당이야기도 취재하였다. 잘되는 식당에서는 나름대로 영업비밀이 숨겨 있었다. 레시피를 개발하기 위하여 남다른 실험을 거듭하고, 더 좋은 식재료를 확보하기 위한 이야기도 들을 수 있었다. 물론 매월 선정한 책과 시도 함께 실었다. 소식지를 통하여 주민의 삶의 현장과 역사를 기록할 수 있었다.

시에 운율을 붙이면 음악이 된다고 한다. 음악은 더 높은 문학활동이 된다는 것이다. 음악을 통하여 정서가 순화되고, 마음의 안정을 찾고, 기쁨의 감흥을 제공하기도 한다. 음악은 리듬을 제공하여 활동에 활력을 불어넣어 주기도 한다. 신읍동도시재생은 활력과 감흥을 제공하기 위하여 다양한 음악공연을 선보였다. 악기연주자의 연주, 가수의 노래, 국악인의 민요 등 다양한 장르의 음악을 제공하면서 활력이 넘치는 신읍동을 만들어 나가고 있다.

미술은 글을 쓰듯이 하라고 했다. 물론 그림을 그리듯 글을 쓰라고 하기도 한다. 그림은 문학의 또다른 표현이기도 하다. 신읍동도시재생은 골목의 담벽에 막걸리 제조과정을 그려넣었다. 막걸리와 빈대떡이 유명했던 골목에 옛정취를 재현하기 위한 것이었다.

음식은 중요한 인문활동이다. 독특하고 새로운 음식문화를 만드는 것은 도시재생의 중요한 방법이 된다. 신읍동도시재생에서는 닥나무잎에서 추출한 가루를 가지고 국수와 떡, 그리고 식음료를 만들기도 하였다. 김선환개발자는 닥나무를 소재한 음식을 특허내어 전국 최초로 새로운 음식을 제조하고 있다. 닥나무잎의 약효를 바탕으로 닥나무국수, 닥나무떡, 닥나무 식음료를 홍보하고 있다.

마을축제는 필수적인 사업이다, 축제를 통하여 주민이 신바람나고 흥겨워질 수 있고, 외부 내방객을 유치하여 상권활성화에도 도움이 될 수 있다. 버스킹을 통하여 지나는 사람에게 음악의 감흥을 제공하였다. 주민 스스로 만든 축제로는 '나는 왕이로소이다'가 있었다. 신읍동이 가지고 있는 자연자원을 활용하여 주민의 삶에 혜택이 주어질 수 있는 방안을 찾다가 왕방산과 연계한 축제를 기획하였다. 신읍동은 왕방산 기슭에 위치하고 있다. 왕방산의 이야기를 활용하여 왕방산에 붙어있는 신읍동 주민들도 왕의 성품과 자질을 누릴 수 있다는 메시지를 담았다. 포천시가 왕의 도시라는 것을 일깨우면서 포천시민들도 왕품과 왕격을 누릴 수 있다는 메시지를 선포하였다. 이 축제를 통하여 신읍동 주민과 포천시민이 의식향상을 얻을 수 있다는 희망도 담았다. 메시지 선포자로 조선의 건국왕인 태조 이성계대왕을 등장시켰고, 포천과 연고가 있는 위인 18명을 선정하였다. 태조대왕과 위인들이 전하는 메시지는 포천시의 현안과 미래에 대한 덕담이었다.

신읍동은 인문도시를 꿈꾼다

신읍동도시재생은 신읍동이 새로운 활력을 얻고, 주거환경이 쾌적하고 깨끗하고 아름다워지며, 사람들을 찾아오게 하는 매력을 보유하는 것을 지향하고 있다. 그 속에서 살고 있는 주민이 좋은 인성을 함양하고, 스스로 말미암는다는 유기(由己)의식을 지니고, 혼자보다는 여럿이 함께 하는 공동체의식을 지니고, 주민 서로가 배려와 섬김을 실천하며, 스스로 안에 해답이 있는 것을 인식하고 스스로부터 솔선수범하는 것을 지향하고 있다.

인문활동을 통해 도시재생을 하는 것은 인문도시를 구현하는 방법이다. 인문도시는 인간다운 시민들이 만드는 도시로서 인문활동을 기반으로 한다. 인간다움은 바로 인성, 인간성을 의미하므로, 시민 누구나 좋은 인성을 지니면 좋은 인문도시를 만들 수 있다. 신읍동의 변화는 인문활동을 통한 인문도시와 연결되어 있다.

* 이 글은 포천일고 70년의 역사가 신읍동 역사 100년과 함께하였으므로 게재합니다.

선진국민으로 가는 길

유병규(제23회)

2023년 올 한 해도 어느새 마지막 달만 남겨놓고 있다. 삶의 지나가는 속도는 나이에 비례한다더니 매년 매년이 더욱 빨리 지나가는 듯하다. 조용히 올 한해를 돌이켜 본다. 어느 곳에서 보았는지 문득 한 단어가 떠올랐다. 한 해를 정리하는 학자들의 사자성어에 올해는 견이망의(見利忘義, 이익 앞에서는 도의를 잊는다."는 단어가 채택되었다고 한다. 이는 『논어』 자장편과 계시편에 나오는 견득사의(見得思義, 이익을 보면 도의를 생각한다."는 말을 현대시대의 사회의식을 풍자한 것이다. 매우 적절한 표현이 아닐 수 없다.

우리 고 23회 동창회(59년생 동창 모임) 사무실에는 '배려(配慮)'라는 글자가 써 있다. 配(나눌 배, 쪽 배)자는 酉(닭 유, 술의 뜻)와 己(몸기, 자기기)가 결합한 글자로 술이 잘 익는지 살펴보고 있는 모습이란다. 즉 술이 잘 익는지 살펴보고 사려 한다는 뜻으로 상대방을 생각해 주는 "역지사지(易地思之, 상대방의 입장에서 생각한다."라는 태도를 말한다. 진정한 공감과 소통의 자세인 것이다.

이 두 단어를 떠올리면서 현실의 우리 대한민국을 생각해 본다. 우리가 경제적으로는 선진국인지 모르겠으나 실제로 대외적 위상이나 국민의 성숙도가 과연 선진국이라 할 수 있을까? 대한민국의 현실은 안타깝게도 선진국들에게는 멸시당하고, 다른 개발도상국이나 후진국들에게는 돈 좀 있다고 오만한 비우호적인 국가로 인식되고 있다고 한다. 이는 우리의 역사적 지리적 배경과 급속한 경제발전(단기간의 자본주의 발전) 그리고 획일적인 교육제도가 가져온 부작용이라 생각한다. 이제 우리는 우리의 현실을 정확히 파악하고 문제점들을 개선해 나아가야 할 것이다. 경제력만이 아닌 남들이 다 인정하고 우호적이 될 수 있게 진정한 선진국이자 선진국민이 되어야 할 것이다. 그러면 대한민국의 미래는 더욱 밝고 든든해질 것이다.

1. 우리의 현실을 직시해보자

우리는 36년간 일제의 강점기를 거치며 과거(조선시대)와 현재의 "문화적 단절"을 가져왔다. 곧이어 발생한 남북분단으로 (지리적 단절)을 가져왔으며 군부독재를 거치면서 민주주의의 퇴보(한국적 민주주의)와 미성숙한 자본주의가 우리의 현실이다. 정치인들은 부패하고 경제인(기업인들)들은 자신들의 사익만을 추구하고 있다. (사회는 존재하지 않는다. 개인과 가족만 있을 뿐이다.) 여기에 대다수의 국민들은 수구적이고 수동적인 자세로 일관하며 급속한 산업에 따른 천민자본주의 성향이 팽배하고 있다. 이는 우리 대한민국의 미래를 불투명하게 할 뿐 이 나라 각자의 삶을 피폐하게 하고 있는 것이다.(획일적 교육을 통한 철학의 부재)

지리적으로는 중국과 일본 그리고 미국이라는 강대국 사이에서 그들의 눈치를 봐야 하기 때문에 정치적 · 경제적 갈등 속에 서성이고 있다.(새우 콤플렉스) 자살률은 선진국 평균의 2배이며 출산율(1인당 0.78명)은 세계 최저이고 행복지수와 독서율은 세계 최하위 수준이다. 많은 학자들은 이러한 우리의 현실을 분석하며 다음과 같은 대한민국의 위기를 말하고 있다. ① 민주주의 위기(물질적, 신분적 불평등, 빈부의 격차 심화) ② 중산층과 서민경제의 위기(가계부채의 증가) ③ 남북관계의 위기(코리아 디스카운트) ④ 국토파괴의 위기(무분별한 개발행위) ⑤ 심각한 인구감소위기(절대적 경제인구의 감소) 등이다.

2. 정치적 위기(민주주의의 위기)

한국인의 특성 중 하나는 독서율은 낮으나, 정치인들(특히 상대정당 정치인)의 부패행위와 선거에 대해서는 모두가 해박하다. 이들 학자들은 정치중독증, 선거중독증이라 한다. 정치인이나 정당 가입자들은 자신의 정당만이 옳다고 상대정당은 매우 불합리한 것으로 치부해 버린다. 이러한 태도는 이미 조선시대 정치인들의 특히 선조와 숙종 때 극심했던 당파싸움(사색당파)의 전습인 것이다. 선조 때는 당파싸움으로 인해 임진왜란(1592년)이 일어났고, 현종(경신대기근)과 숙종 때는 대기근과 병마가 일어나 무려 100~140만 명(당시 인구 7%~10%)이 죽었으나 정치인들은 민생은 아랑곳하지 않고 오직 당파싸움만 일삼았던 것이다. 역사에서 우리가 배워야 할 것은 과거의 잘못을 다시는 저지르지 않는 것이다. 그러한 조선의 정치 행태가 결국은 나라를 잃은 지경에까지 갔으나 현재의 정치인들의 행각을 보면 그때와 달라진 바가 전혀 없다. 민생을 챙겨야할 정치인들은 국민이나 국가는 안중에 없고 오직 자신들의 당파당략만이 존재하고 있는 것이다.

어느 국가건 기본을 중시하고 정의를 추구해야만 건강하고 성숙한 사회를 이룩할 수 있는 것이다. 현재 우리의 정치행태나 한국적 민주주의와 천민자본주의 하에서는 사회 각층의 정의감 부족은 물론 도덕적 불감증, 부정부패, 책임회피(무대책)의 무책임한 풍조가 만연한 것은 당연한 일인 것이다. 자기에 수구보수의 기득권층의 완강한 사회구조를 이루고 투명하지 못한 정치, 경제, 사회적 운명은 대외적 코리아 디스카운트를 증가시키고 한국의 미래를 어둡게한다.

『논어』 안연편에 정자정야 자솔이정 숙감부정(政者正也 子帥以正 孰敢不正, 정치란 바름을 시행하는 것이다. 당신(임금)이 바름으로 솔선한다면 누가 감히 바르지 않겠느냐"란 말이 나오고, 『도덕경』 57장에는 "이정치국(以正治國, 바름으로 나라를 다스린다." 『맹자』 진심상 19에는 "정기이물정자야(正己而物正者也, 자기를 바르게 함으로써 만물을 바르게 한다." 『장자』 응제왕편에는 "정이후행(正而後行, 바르게 한 이후에 행한다"라는 말이 나온다. 이와 같이 과거와 현재와 정치와 정치인의 가장 중요한 기본은(바름)인 것이다. 오늘날 무책임하고 부패한 정치인들이 반드시 가슴속에 새겨야 할 단어가 아닌가 생각한다. 정치인들은 언제 어디서나 한결같이 떠드는 단어가 하나 있다 '소통'이란 말이다. 모두가 소통을 통해 정치활동을 원활히 할 것 같이 말씀을 한다. 그러나 그들은 소통의 기본인 '공감'이란 단어를 모르는 모양이다. 공감하기 위해서는 상대방의 말을 귀담아듣고(경청, 공경하는 자세로 들음) 상대방의 입장에서 배려하여 역지사지 해야 함은 당연한 것이다. 그러나 그들은 상대방이 자신의 말을 들어줄 것(자신의 뜻대로 따라줄 것만을 요구하며 이를 소통이라 한다. 그러면서 자신들의 의도대로 안될 때는 소통이 안 된다고 상대방에게 책임을 전가 시킨다. 이러니 당연히 '불통'이라는 것은 불 보듯 뻔한 일인 것이다.

한국인의 정치는 적 아니면 동지다. 상생이나 협동이라는 단어는 없고 오직 상대를 꺾고 이겨야 하는 경쟁만이 있다. 실로 매우 답답한 정치 환경이 아닐 수 없다. 우리는 일제식민지와 군부독재를 거쳐 기존 기득권층이 원하는 획일적인 교육제도는 물론 정치인들이 불리할 때면 항상 꺼내는 남북분단문제로 인하여 시민들은 부지부식 간에 스스로 수동적이고 문제 대처능력이 저하되어 있음을 알아야 한다. 사고가 한편으로 치우쳐 편파적임을 알아야 한다. 우리가 여기서 벗어나려면 정치인이나 매스컴(신문, TV 등) 현행 교육제도에서의 배움을 신봉해서는 안 된다. 각자가 독서를 통해 지식을 쌓고 사회 각층의 지식인들의 말에 귀 기울여야 한다. 그렇게 현실을 직시하고 문제점을 파악했을 때 우리는 장막위해 가려진 보이지 않는 진실을 알게되고 능동적이 되어 시민의식이 높아질 것이다. 그렇게 되었을 때

정치인들은 진심으로 시민을 두려워할 것이며 지금과 같은 무책임한 행각을 저지르지 못할 것이다. 이것이 정치적 선진국이자 선진국민으로 나가는 길인 것이다. 우리 옆 나라 중국에서 시진핑이 주석이 되었을 때였다. 중국과의 외교관계를 고려한 한국의 대통령이 방중 중에 시진핑 주석이 두 마디 의미 있는 말을 하였다. 그 하나가 "욕궁천리목 갱상일층루(欲窮千里目 更上一層樓, 멀리 내다보기 위해 한층 더 오르자."였으며 나머지 하나는 무신불립(無信不立, 믿음이 없으면 살 수 없다"한 말이다.

무신불립(無信不立)이란 『논어』 안연편에 나오는 말로 민무신불립(民無信不立)에서 인용한 것이다. "백성들의 믿음이 없으면 제대로 정치를 할 수 없으므로, 먹는 문제보다, 나라를 지키는 병사들보다 더 중요하다."는 뜻이다.

제발 정치인들이 되새겼으면 한다.

3. 사회적 위기의 고취

한국의 사회구조를 보면 한 가지 뚜렷한 특징이 있다. 기존 기득권층의 막강한 영향력 아래 도저히 범접하거나 변화시킬 수 없는 사회구조가 그것이다. 소위 자유시장 경제체제라는 미명 아래 모든 것을 독점하려는 기업들과 사회적 · 교육적 승리자들인 기득권층이 변화를 싫어하는 현 교육제도, 천민자본주의 상황에 따른 인성의 상실 등 사회의 많은 문제점들은 현재를 살아가는 서민들을 매우 힘들게 하고 있다. 자유시장경제(완전한 자유시장경제란 존재하지 않는다.)란 사실을 일정한 규제 이에서 자유롭게(?) 경쟁함을 의미한다. 그러나 그것은 많은 문제점을 갖고 있다. 이러한 경제체계가 정부의 일정한 개입 없이 방치될 때는 다음과 같은 문제점을 낳는다. 강자가 시장을 독점하게됨으로써 빈부격차가 증대되고 불평등과 불안정의 심화를 가져온다. 또한 사회적 공동선과 기업의 사회적 책임(부의재분배와 사회도덕문제)을 회피할 뿐 아니라 정경유착이라는 부정부패를 낳고 있다. 이러한 문제를 해결하고자 서민들에게는 막대한 신용확대조치(소비촉진)로 눈가림하지만, 이는 가계지출증가(가계부채증가)를 가져와 사회를 불안하게 만들고 있다. 자유시장경제체제 하에서 무엇보다도 중요한 것으로 적절한 정부의 개입이다. 물론 자유시장주의자들은 자신들의 독점과 이익을 규제받는다는 점에서 반대하고 있다. 그러나 자본주의와 자유시장경제를 보다 원활히 하고 문제점을 해결하기 위해서는 적절한 정부의 개입이 필수불가결한 것이다. 자본주의(자유시장경제)의 가장 큰 문제점은 부의 편재(빈부격차 심화)이다. 자본을 많이 갖고있는자가 많은 부를 축적하는 것이다. 이를 완화하기 위해 과거부터 '기업의 사회적책임'(이익의 사회환원)을 매우 중요시해왔다. 그러나 한국의 기업들은 사회질서와 공정에는 전혀 관심이 없다. 재벌이나 기업가들은 대부분의 이익을 개인과 가족들이 부를 축적하는데 심혈을 기울이고 있다. 더욱 심한 것은 기업의 세습이다. 기업세습을 당연시하는 사람들이 어찌 자유시장경제를 말한단 말인가.

한국의 기업들은 '기업의 사회적 기여'(사회적 참여)를 통한 사회적

책임을 절실히 느껴야 하며 정직성과 이타심, 의무감으로 평등하고 균등한 한국사회를 이끌어 나가는데 노력해야 할 것이다. 기업은 국가나 국민들의 혜택 위에서 성장했고 유지 발전하기 때문이다.

우리의 젊은이들은 인생의 황금기를 획일적인 교육제도(인간의 생애와 근본에 대한 철학의 부재)와 치열한 경쟁구조(좋은 대학가기, 좋은 직장 구하기) 속에서 살아가고 있다. 자신이란 존재감을 잊은 채 기계화(사회에 의한 톱니바퀴) 되어가고 있는 것이다. 숨막히는 사회구조 속에서 상생보다는 치열한 경쟁을 치르며, 공동관계보다는 철저한 개인주의적(이기주의적) 사고를 갖고, 인생의 확고한 목적보다는 많은 것을 포기하고 사는 삶을 살아가고 있는 것이다. 어찌 보면 이러한 삶 속에서 자살률 최고, 출산율 최저, 행복지수 최저라는 사실은 당연한 것이다.

현재 정치인들이나 기득권층들은 현재 교육시스템의 승리자들이기 때문에 별 문제점을 의식하지 않고 있다(알고 있으면서 외면하고 있다.) 현재의 사회구조에 의한 문제를 의식하려 하지 않고 있으며 변화를 바라지도 않는다. 그러나 한국의 현실을 볼 때 교육제도와 사회구조 전반에 걸친 점차적인 변화는 반드시 필요한 것이다. 교육은 주입식이며 시험 위주의 교육보다는 창의력 증대(문제대처능력 증대)의 각자의 소질과 역량을 개발할 수 있는 교육이 필요하다. 이론과 실기를 병행(삶에 도움이 되는)하는 교육, 지식과 인성교육이 통합된 교육, 경쟁보다는 협력을 통한 상생하는 교육이 우선 되어야 한다. 대학이나 기업들은 수능 위주의 고득점자들보다는 각자의 소질과 다양한 역량을 살릴 수 있게 보다 폭넓은 인재양성에 관심을 가져야 한다. 계층 간 직업 간 부의 편재(어느 직업은 평균 수입의 수십 수백배 수준)를 완화하고 사회적 환원을 통한 부의 재분배가 필요하다. (자본주의의 '파레토 법칙'은 20% 부자가 80%의 부를 소유하나 한국의 편재는 더욱 심해 부자 10%가 바의 90%를 차지하고 있다 함.)

마이클 센델의 『정의란 무엇인가』에서 사회정의에 대한 세 가지 접근법을 말하고 있다. ① 복지극대화(경제적 풍요로움) ② 자유의 존중(개인과 원리 존중, 보편적 인권을 존중) ③ 미덕의 배양(좋은 삶, 공동선)이 그것이다.

이상과 같이 정치인, 기업인 교육담당자 등 사회 각층의 여러 집단이 정의(공정사회)와 평등(균형 있는 부의 재분배, 직업 간 계층 간 균등한 사회)에 힘쓸 때 한국의 미래는 물론 한국인이 인간답게 사는 길(행복한 삶)은 열릴 것이다.

4. 우리의 전통을 찾자.

자본주의의 치열한 경쟁 속에서 우리는 언제부터 인간 생명의 존엄성보다 돈(물질)이 우선인 사회에 살고 있게 되었다. 공동의 이익보다는 개인의 이익이 앞서고 인성, 공감, 배려, 사랑, 공동체라는 단어를 낯설게 되었다. 우리의 전통, 우리의 뿌리, 우리의 문화는 잊혀져 갔다. 이것이 '문화의 단절'이라고 학자들은 말한다. 선진국들을 보면 100년, 심지어는 몇백 년에 걸친 기업을 잇는 가정을 흔히 볼

수 있다. 우리에게는 거의 찾아볼 수 없는 고귀한 전통이다. 우리가 어렸을 때 즐겼던 여러 가지 전통놀이들은 인터넷의 발전과 기계화로 인하여 거의 자취를 감췄다. 과연 우리의 정체성은 무엇인가. 우리의 전통(정체성)을 찾는 것은 우리가 잊었던 인성을 찾는 길이요. 앞으로 인간답게 삶을 영위할 수 있는 기틀을 마련하는 것이다.

첫째. 선비정신과 홍익인간(弘益人間) 정신이다.

선비정신은 도덕적 삶과 학문적 행위로 나타나며 홍익인간으로 대표되는 민본주의사상과 자연과의 조화(무분별한 난개발로 자연파괴)를 이루려는 특성을 갖고 있다. 과거의 선비들은 자신의 수양에 힘씀은 물론 주변 사람들의 교화와 사회의 변화에 적극적이었으며 경(敬)과 충(忠)을 실행하였다.

둘째. 사랑방 문화와 옛 골목길 그리고 전통시장이다.

따듯한 사랑(인간의 정)과 배려가 머무는 사랑방 문화는 우리의 지인들은 물론 지치고 갈데없는 나그네들의 쉼터와 같은 곳이었다. 우리의 전통 골목길은 천편일률적이 아닌 인간미가 살아있었다. 전통시장에서는 우리의 삶 자체가 그대로 붙어 있으며 구수한 정을 느낄 수 있는 우리 선조들의 만남의 장이었다(전통시장조차도 현대화되어 가는 것이 안타깝다.)

셋째. 선진유학(先秦儒學)은 우리 전통사상의 뿌리이다.

진(秦 : 진시황제) 나라가 중국을 통일하기 전 춘추전국시대의 유학을 선진유학이라 한다. 그 후 송(宋)나라 때의 주자(朱子)가 이론을 강화하고 해석한 것이 주자학(주자학)이다. 선진유학은 실재적인 삶(實)을 중시했다면 송대 이후의 주자학은 이론과 형식에 치우쳤다. 조선시대 양반들은 이런 주자학을 더욱 형식적으로 포장해 버렸다(실학운동의 원인이 됨) 선진유학은 우리의 사상의 전통이며 우리의 정체성이다. 이는 서양의 앞선 문화와 사상에 전혀 뒤처지지 않은 폭넓고 심오한 동양사상인 것이다.

공자가 인생을 살면서 가장 중요시 여긴 단어가 바로 '인(仁)'이다. 이 인에는 사랑과 배려와 수신(修身) 모두의 뜻이 담겨 있다. 『논어』에서 인을 말할 때 ① 극기복례(克己復禮)라 한다. 여기서 기(己)는 "자기 자신의 사욕, 또는 : 충동적이고 감상적인 자아"를 말한다. 즉 이를 극복하고 예(禮)로 돌아가자는 말이다. ② 충서(忠恕)라 한다. 진기지심위충(盡己之心謂忠) "자신의 마음을 다하는 것을 충이라 한다."는 뜻이고 서(恕)는 추기지위서(推己之謂恕) "나를 미루어 생각하는 것을 恕라 한다"는 뜻이다. 즉 충서는 기소불욕물시어인(己所不欲勿施於人) "내가 원하지 않으면 다른 사람에게도 하지 말라."는 뜻이다. 또 다른 해석은 '충성과 용서'로 관용(寬容)을 뜻하기도 한다. ③ 박시제중(博施濟衆)이라 한다. "널리 백성들에게 베풀고 많은 사람을 구제한다."는 뜻이다

이러한 공자의 仁사상은 현재를 살아가는 우리의 마음속에 깊이 새겨야 할 단어가 아닌가 생각한다. 특히 글로벌화되고, 다원적이며 다문화되어가는 현재, 홍익인간 사상과 인 사상은 한국을, 한국인을 선진국으로, 선진국민으로 자리 잡는데 고귀한 사상이라 생각한다.

5. 선진국민으로 살자

이제 우리는 우리가 안고 있는 정치적, 경제적, 사회적 교육적 문제점을 해결하여 자살률 제로, 출산율 최고, 행복지수 최고의 진정한 선진국이 되어야 한다. 그러나 기존의 기득권층은 현 사회체제의 승리자들로서 어떠한 변화와 새로운 방안을 달가워하지 않는다. 잘못된 사회구조를 바꾸고 시민의식을 높이기 위해서는 구성원인 "개인"이 바뀌어야 한다. 각자 스스로의 계발이 모여서 사회의 계발을 이룩하는 것이다. 개인이 바뀜으로써 사회구조를 바꿔 나가야 하는 것이다.

유교경전 사서 중 『대학』의 전체 내용을 집약하면 삼강령 팔조목으로 집약된다. 여기서 팔조목은 "격물(格物), 치지(致知), 성의, 정심, 수신, 제가, 치국, 평천하"를 말한다. 즉 수신이란 격물, 치지, 성의, 정심의 과정을 말하는 것이다. 격물(格物, 격(格)은 다가간다, 지(至)는 이른다의 뜻이다.)은 어떤 사물의 실체를 알기 위해 다가간다. 치지(致知)는 "내 모든 지혜의 극치에 이른다"는 뜻으로 격물치지(格物致知)는 "사물에 다가가 그 이치를 분석하고 이해함으로써 지혜의 극치를 이룬다."는 말이다. 배움의 길인 것이다. 이를 바탕으로 성의는 "자기 마음을 속이지 않고 성실하게 최선을 다한다."는 뜻이고 정심은 "바깥 사물에 흔들리지 않는 바른 마음(正心)을 갖는 것이다. (공자의 불혹이고 맹자의 부동심인 것이다.) 우리의 선조들은 학문을 하기 시작하는 어린 나이부터 평생을 수신에 정진하였던 것이다.

이와 같이 예나 지금이나 자연이 변화하는데 가장 중요한 것이 바로 수신이다. 우리가 선진국민 다운 품성을 가지려면 무엇보다도 먼저 이 수신에 힘써야 할 것이다. ① 학문(독서)과 지식의 습득을 위한 자기계발이 선행되어야 한다(『대학』 日新又日新) ② 이러한 학문이나 지식습득(자질의 계발)은 대외적 과시를 위한 것이 아닌 자기 자신의 내면을 충실히 함을 목적으로 해야한다 『논어』 헌문 편에 "고지학자 위기 금지학자위인(古之學者 爲己 今之學者爲人), 옛날 학문을 배우던 사람은 자기 자신을 위해 공부했지만, 지금의 배우는 사람은 남에게 보여주기 위해 공부한다."란 말이 나온다 ③ 자신을 위해 학문함으로써 내적(영혼)으로 충만하게 되면 남과의 경쟁보다는 상생을 도모하며 더 나아가 여러사람을 이롭게 하는 弘益人間 정신을 실현하게 된다. 『논어』 자로편에 "군자화이부동 소인동이불화(君子和而不同 小人同而不和, 군자는 서로 화합하나 무조건 같이 하려하지 않으며 소인은 자기의 생각이나 주장없이 부화뇌동하면서 편당을 짓지만 서로 조절하여 화합하려 하지 않는다."는 말이 나온다.

여기서의 동(同)은 부화뇌동(附和雷同)의 동(同)과 같은 뜻이다. 즉 무조건 무리(黨)을 이루고 상대를 적대시하는 정치인들이나 온갖 모함을 좋아하는 한국인의 정서를 말하는 것이다. ④ 내적으로 충만하고 홍익인간 정신을 실현하는 사람은 상생의 길을 걸으며 사익보다는 공익을, 개인보다는 우리(공동체)를, 자신의 편의보다는 공공의 질서를, 경쟁에서 승리보다는 함께 번영의 길로 나아가려 한다. 이들은 항상 공감하고 남을 배려하는 역지사지하는 자세를 갖는다. 『논어』 옹야편에 "기욕입이입인 기욕달이달인(己欲立而立人 己欲達而達人,

자신의 뜻을 이루고 싶을 때는 먼저 남의 뜻을 이루게 하고, 나의 목표를 달서시키려면 먼저 상대의 목표를 달성하게 한다."는 말이 나온다 ⑤ 이를 바탕으로 세계의 글로벌화에 맞춰 다원주의적 사고와 다문화를 진정으로 수용하는 자세야 말로 전 세계인이 지향하고 나아가는 길인 것이다.

우리 개개인이 이러한 변화를 거쳐 한국사회가 바뀐다면 우리는 경제적인 면뿐만 아니라 여러 면에서 진정한 선진국민으로 거듭날 수 있다. 그러면 세계 모든 국가들은 우리를 존중할 것이며 보다 우호적으로 위를 대할 것이다. 우리의 미래는 밝을 것이며 우리의 삶의 질 또한 향상될 것이다. 진정한 선진 대한민국이 되는 것이다.

어쩌다 가게 된 길 이야기

조완형(고 24회)*

포천종합고등학교 1학년 2학기! 인문과 학생들은 자신의 의지로 인생의 첫 번째 선택을 해야만 했다. 2학년부터 문과와 이과로 나뉘기 때문이다. 적성이 어느 쪽인지? 명확하지는 않았지만, 나는 나름 활동적인 성격에 문학에는 소질이 없는 것 같기도 하고, 무엇보다 나중에 공과대학 출신이 취업에 유리할 것 같아 이과를 선택했다. 약 240명의 선택은 반반으로 문과와 이과가 2개 반씩 편성 되었다. 2년 후 예비고사 성적을 받아들고 또 한 번의 중요한 선택을 해야 했다. 대학은 성적과 실력에 맞춰 결정했지만, 공대의 많은 학과 중 하나를 선택해야만 했다. 1979년 당시에는 중동 건설 붐이 한창일 때였다. 취업이 쉽고 월급이 많을 것이라는 막연한 생각으로 선택한 K대 건축공학과의 경쟁률은 23:1, 경쟁자들도 비슷한 생각을 했던 것 같다. 덕분에 처음으로 낙방이라는 쓴맛을 봤다. 재수할 형편이 아니어서 후기대학이라도 가지 않으면 집에서 농사를 지어야만 할 것 같았다. 원서접수를 하러 간 남가좌동 명지대학교 정문 주변에 걸려 있는 토목공학과 홍보 플랜카드의 유혹에 전공을 토목공학과로 바꾸었다. 짧

---

* 공학박사, 도로 및 공항기술사, ㈜다산컨설턴트 사장

은 순간 우연히도 인생의 방향이 바뀌는 순간이었다.

1985년 2월, 12대 국회의원 선거가 있었다. 졸업은 다가오는데 건설경기 불황으로 취업을 하지 못해 나는 초조한 마음으로 공무원 시험 준비를 하고 있었다. 어머니는 선거 준비로 바쁜 외가댁(이한동 의원)에 일손을 도우러 가셨다가 역시 일손을 도우러 온 모 대학 토목과 교수에게 아들이 토목을 전공했는데 취업 때문에 걱정이다는 말씀을 하셨다. 며칠 후 모 교수께서 소개해준 회사는 토목설계를 하는 직원이 70~80명 정도의 작은 회사였으며, 나는 도로부서에 배치되었다. 도로설계 엔지니어의 길이 결정되는 순간이었다. 돌아보면 평생 직업 또한 우연히 어찌 보면 어머니가 길을 인도해 주신 것이었다. 토목공학을 전공했지만, 도로설계 일을 하게 될 줄이야, 당시 주변에서는 "道路도 설계를 하느냐? 불도저로 땅을 밀고 아스팔트 깔면 되지 않냐"고 얘기할 정도였다. 국가의 사회간접자본인 도로, 철도, 항만, 공항, 댐, 하천, 상하수도시설, 국방시설 등의 모든 설계, 공사 및 유지관리를 토목기술자들이 한다는 것을 그때 알았다. 그래서 공무원도 행정직 다음으로 토목직이 많으며 정부 예산도 많이 배정되고 있다. 어쨌든 막연한 선택과 우연한 기회로 지금까지 38년 동안 이 일을 하고 있으며, 적성에 잘 맞고 일에 대한 자부심과 보람을 느끼고 있어서 다행이다. 사실 처음에는 적성에 맞는지, 장래 비전은 있는지? 직업을 바꾸면 무엇이 더 좋은지 판단이 어려웠다. 직장은 몇 번 바꾸었지만, 현재까지 한 우물을 파고 있다. 첫 직장이었던 ㈜동일기술공사도 지금은 직원 천 명이 넘는 중견 회사로 성장하였다.

도로설계는 노선선정, 교통분석, 환경영향 분석, 교량 및 터널설계, 배수시설, 포장, 부대시설 등 많은 분석과 계산 과정을 거치며, 관련 기관 협의 및 민원 등을 해결해야 하므로 여러 분야의 기술자들이 참여하게 된다. 또한, 공사에 필요한 설계도면 및 보고서 작성과 공사비를 산출한다. 시공자는 설계도면에 따라 현장에서 시설물 만드는 일을 한다. 그래서 요즘 우리나라의 설계회사에도 수백에서 수천 명의 기술자가 분야별로 설계와 감리업무를 수행하고 있다. 대부분 국가 발주 프로젝트를 수행하므로 준공무원이나 다름없다. 국가 공공시설의 건설에 필요한 아이디어와 기술은 설계 엔지니어들의 두뇌에서 나온다. 전국 곳곳에 내가 설계한 도로 위를 자동차들이 달리고 있으며, 지금도 많은 도로가 건설되고 있다. 포천에는 2025년 초에 개통 예정인 포천~화도 고속도로가 대표적이다. 어쩌다 가게 된 길이였지만 일에 대한 보람과 성취감이 있었다. 도로설계를 위하여 우리나라의 수많은 지역을 다녔으며, 해외 프로젝트 수행을 위하여 미국, 유럽, 동남아시아 및 아프리카 등 많은 국가에 출장을 다녀왔다.

도로는 개방이고 소통이다. 로마가 광대한 영토를 1000년간이나 지배할 수 있었던 것은 도로였다. "모든 도로는 로마로 통한다"라는 말이 있다. 로마제국은 2000년 전에 약 30만km의 도로를 건설하였으며, 오늘날 하이웨이에 해당하는 간선도로가 약 9만 km였다. 로마의 도로는 군사와 통치 목적 외에도 문화교류, 각 지역의 물자 수송을 통한 식량 문제 해소 등 공동 번영을 위한 중요 시설이었다.

로마의 도로 구조

현재 우리나라 고속도로 길이는 약 5천km, 국도는 1만 4천km이며, 도로 총 길이는 약 11만 3천km인 것과 로마의 도로를 비교하면 실로 대단한 규모였음을 알 수 있다. 도로의 형태와 기능도 오늘날의 도로와 유사하며, 일부 도로는 현재도 이용되고 있다. 오늘날에도 도

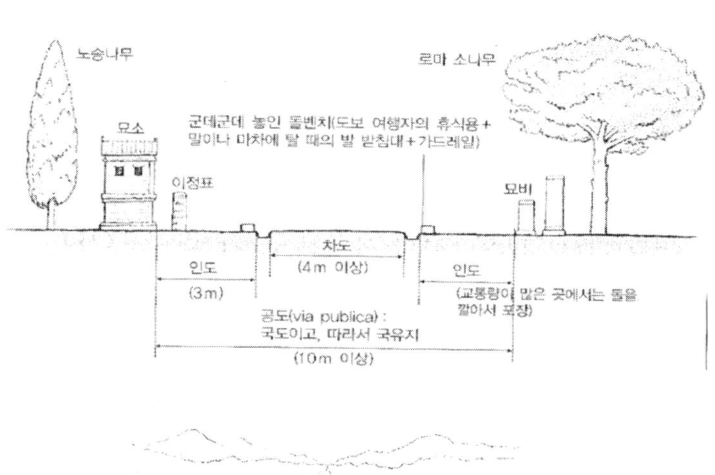

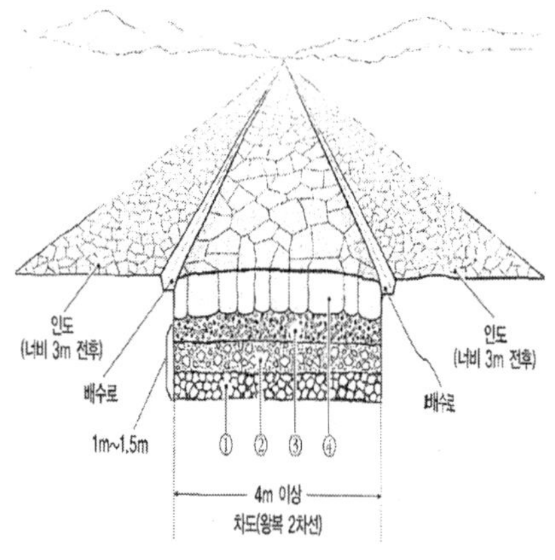

로 인프라는 국가 발전의 원동력이고 힘이다. 현재 도로가 가장 발달한 나라는 미국으로 총 도로 길이가 685만km이며, 주를 연결하는 고속도로(Interstate Highway)가 약 7만 7천km로 전 국민의 90%가 고속도로 5마일 이내에 살고 있다. 다음은 중국으로 약 520만km를 보유하고 있으며, 최근 매년 가장 많은 도로를 건설하고 있는 나라이다. 물론 국가의 도로 규모는 영토 면적하고도 관련이 있다. 그래서 도로의 밀도(국토 100제곱 km당 도로 길이)를 보면 일본이 322km로 1위이고, 프랑스(191), 독일(180), 영국(175), 이탈리아(162) 순이며 우리나라는 111km 수준으로, 역시 도로가 발달한 나라가 선진국임을 알 수 있다. 최초의 자동차는 독일의 칼 벤츠가 1885년에 개발했으며 아우토반은 독일의 자동차 산업과 경제 발전에 큰 역할을 하였다. 하지만 오늘날 자동차 산업과 도로는 미국이 선두이며 최강 국가이다. 여기에는 포드자동차가 1908~1927년까지 생산한 모델 Ford-T가 큰 역할을 했다. 당시 부유층 전유물이었던 자동차를 일반 국민이 구매할 수 있는 국민차이었다. Ford-T 생산에 최초로 컨베이어 벨트 시스템을 도입하여, 한 시간에 한 대를 생산하던 것을 24초마다 1대를 생산했다. 당시 자동차 가격이 2천 달러에서 8백 달러로 1/3 이하로 떨어졌다. 자동차의 폭발적인 증가로 도로 건설이 확대되었으며 이때 미국이 연구 개발한 도로 기술은 지금도 전 세계에서 사용되고 있다. 이렇게 도로는 국가 및 지역의 발전을 이끌어 왔다. 2017년에 개통한 구리~포천 고속도로 또한, 포천 발전에 크게 기여한 것으로 분석되었다.

지난 4월에 양호식 회장 초대로 포천미래포럼에서 "포천 고속도로 5년, 무엇이 달라졌나!"라는 주제로 조찬 강연을 했다. 코로나 펜데믹이 3년간 있었지만, 고속도로 개통 전보다 통행량이 약 50% 증가하였으며, 교통사고 사망자는 약 46% 감소하였다. 무엇보다 기업체와 종사자 수가 큰 폭으로 증가하였으며, 관광객은 다른 지역보다 높은 증가율을 보였다. 단지 포천의 인구 감소 폭은 고속도로 개통 전보다 커졌다. 이는 일종의 고속도로 빨대 효과로 주거환경이 상대적으로 좋은 옥정, 민락, 별내 등 주변 신도시의 영향으로, 포천 주거환경의 경쟁력 향상이 필요한 상황이다. 고속도로 종점부인 신북IC~만세교리 구간은 상습적인 교통정체가 발생하므로, 고속도로를 철원까지 조속히 연장해야 한다는 의견이 많았다. 이에 대하여 포천시가 국토교통부에 꾸준히 요구하여 포천~철원 고속도로가 대통령 공약사항으로 선정되었으며, 현재 사전타당성조사가 진행되고 있다. 철원까지 고속도로가 연결되면 상대적으로 인구 밀도가 낮은 포천 북부 지역의 발전과 관광객이 크게 증가할 것이다. 수도권제2순환고속도로의 포천~화도, 김포~포천 구간이 개통되고 포천~철원이 이어지면, 포천은 경기 북부의 외곽지역에서 교통의 중심도시로 거듭날 것이다. "모든 길은 포천으로 통한다."를 기대해 본다.

수도권 간선도로망 계획

미래의 도로와 자동차는 어떤 모습일까? 머지않아 자율주행이 이

의정부축
파주고양축
남북2축
남북1축
강화김포축
동서10축
남북7축
남양주구리축
순환1축
동서9축
인천부천축
남북3축
동서8축
광주하남축
동서7축
순환2축
광명축
동서6축
성남축
동서4축
동서5축
안양과천축
청주축
남북4축
철원군
화천군
연천군
동서10축
포천시
동두천시
가평군
양주시
순환2축
의정부시
남양주시

끄는 Big Blur(산업의 경계가 무너지는 상황) 시대가 도래할 것이라고 전문가들은 전망하고 있다. 그럼 왜, 자율주행일까? 자율주행은 인간의 수고와 실수를 줄일 수 있기 때문이다. 운전하는 시간을 다른 생산이나 여가로 활용할 수 있다. 도로교통사고의 90%는 인간의 실수로 발생하므로 자율주행은 사고를 크게 줄일 것이다. 우리나라는 매년 약 3천 명이 교통사고로 사망하고 있으며, 전 세계적으로 약 130만 명이 교통사고로 사망한다. 자율주행은 이 문제를 해결할 수 있는 최선의 방안이 될 것이다. 또한, 자율주행 시대에는 자동차의 소유보다는 공유차 이용이 일반화될 것으로 전망하고 있다. 언제 어디서든 부르면 자율주행차가 오기 때문에 굳이 소유할 필요가 없다. 다만 이동이 아닌 다른 목적으로 자율주행차를 소유하는 경우가 많을 것이다. 예를 들면 움직이는 자율주행 카페, 식당, 마트 등 임대료가 비싸거나, 찾아가는 서비스가 요구되는 업종에서 선호할 것이다. 현재 시흥시에서 자율주행 우체국이 시범 운영되고 있으며, 여기에 추가로 입출금이 가능한 ATM기를 탑재할 계획이라고 한다. 우리나라의 자동차는 약 2500만대로 이렇게 많은 자동차의 통행과 주차는 사회적인 문제이다. 우리나라의 연간 교통혼잡비용은 약 70.6조원(2019년 기준), 교통사고비용은 약 43.3조원으로, 자율주행은 이러한 사회비용을 획기적으로 줄일 것이다. 현재 서울 청계천, 청와대 주변 및 상암동에서 자율주행차가 시범 운행 중이며 누구나 이용할 수 있다. 미국은 2025년 로보택시를 포함하여 자율주행 차량이 210만대, 2030년에는 2080만대로 늘어날 것으로 전망하고 있다. 웨이모는 2019년

부터 애리조나주에서 자율주행 택시를 운행하고 있다. 샌프란시스코 또한, 일찍이 로보택시를 도입하였으며, 최근에는 이를 이용하여 장애인과 노인 등 사회적 약자들이 편리하게 이동할 수 있도록 하고 있다. 중국과 우리나라에서도 레벨4 수준(운전자 개입이 없는 완전 자율주행)의 자동차가 상용화 단계에 와 있다. 충청북도는 청주공항~오송역~세종터미널 구간 87km를 오가는 자율주행 버스를 운영할 계획이다. 이렇게 편리하고 안전하며 비용도 적게 들기 때문에, 자율주행 시대는 생각보다 빨리 올 것이다.

우리는 스마트폰의 등장이 우리의 생활과 산업에 어떠한 변화를 가져왔는지 잘 알고 있다. 전자사전, MP3, 디지털카메라, 게임기, 공중전화, 신용카드 등은 스마트폰 때문에 크게 타격을 받거나 없어진 것들이다. 자율주행에 의한 변화는 스마트폰보다 훨씬 클 것이다. 없어지거나 새로 생기는 산업이나 물건, 일, 직업 등이 발생하는 혼란

한 상황에서 전공과 직업을 선택해야 하는 젊은이들이 있다. 지금의 선택은 내가 고등학교와 대학 졸업을 앞두고 했던 것보다 훨씬 어려울 것이다. 지금까지 건강하고 하는 일에 열정이 있는 것을 보면, 40년 전 우연 및 선택과 주변의 도움으로 가게 된 길이였지만, 돌아보면 아름다운 여정이었다.

최근 포천시에서 지정하려고 노력하는 첨단드론 산업을 위한 기회발전 특구와 사통팔달의 도로는 포천을 경기 북부의 중심도시로 이끌 것이다.

"길을 내는 자 興한다."고 하였다. 이제 산과 군사시설로 닫혀있던 포천의 문이 활짝 열리는 세상이 기대된다.

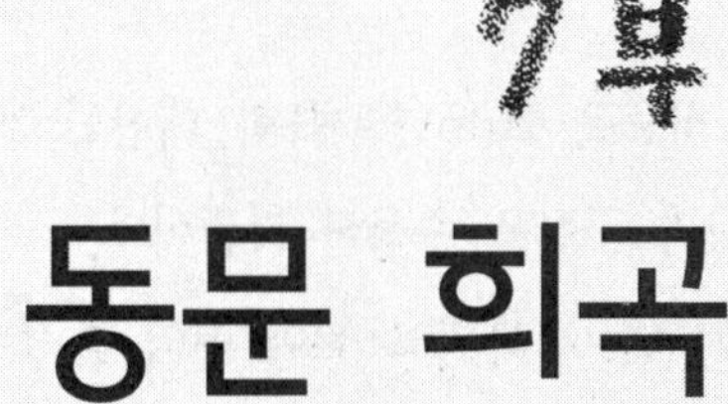
7부
동문 희곡

들리나요

고아라(고 48회)

이 작품은 2016년 제1회 대한민국연극제 경기도대회 참가작으로 희곡상과 금상을 수상한 작품이다.

1945년, 광복되고 80여 년이 흘렀지만, 아직 해방되지 않은 아픔이 있다. 바로 위안부였던 그녀들이다. 많은 사람들에 의해 회자 되고 관심을 받았지만, 시간의 흐름과 죽음 앞에 자연스럽게 그녀들의 이야기가 덮어지고 있는 듯하다.

하지만 우리는 절대 잊어서는 안 된다. 우리나라의 아픈 역사 속에 그녀들이 있었음을

그리고 그녀들은 아직 그 아픈 역사 속에 갇혀있음을…….

분녀라는 위안부 피해자의 이야기를 통해 위안부가 될 수 밖에 없었고 그렇게 살아야 했던 그녀들의 이야기를 그녀들의 목소리로 들려 주려고 했으며 이제는 그녀들만의 역사가 아닌, 잊어서도 부끄러워해서도 안 될 우리의 역사임을 모두에게 인식시키고자 집필했던 작품이다.

〈극의 줄거리〉

악몽을 꾸는 듯 괴로워하며 잠에서 깨어난 분녀. 식은땀을 흘리며 연거푸 두 잔의 소주를 마신다. 누군가 분녀를 부르는 소리에 분녀는 문을 열어준다. 문 앞에 있는 건 최순덕과 정수현. 최순덕과 몇 십년 만에 재회를 한 분녀는 눈물을 흘린다. 최순덕은 정수현을 소개한다.

정수현은 태평양전쟁희생자유족회에서 위안부 어르신들의 사연을 세상에 알리기 위해 사무일을 보고 있는 사무원이다. 정수현은 분녀에게 인터뷰 요청을 하지만, 자신의 과거를 모르는 자식들 때문에 거절하게 된다. 하지만 최순덕의 간곡한 부탁으로 인터뷰를 하게 되고 그녀들의 아픈 역사가 드러나기 시작한다.

열여섯, 이제 막 설레는 첫사랑이 시작되었고 아름다운 미래를 꿈꾸며 부푼 가슴을 안고 살아가던 소녀들은 원치않게 눈물과 악몽으로 하루하루를 버텨낸다.

차가운 겨울보다 더욱 시린 눈물을 삼키며 살아야 했던 그녀들의 이야기가 무대에 전해진다.

과거를 숨긴 채 현재를 살아가는 그녀들의 이야기가 가족 간의 갈등을 통해 폭발한다.

아름다웠던 소녀 시절, 힘겹게 버텨내던 여자의 삶, 과거의 고통 속에 살아내고 있는 노인의 생활이 뒤엉키며 그녀들의 목소리가 메아리 되어 들려온다.

※ 아래의 글은 「들리나요」 전체 대본 중 하이라이트 부분을 발췌한 내용입니다.

3장

분녀는 거울에 비친 자신을 모습을 찬찬히 살펴보고 간단히 치장을 한다. 겨우 빗질 정도이지만 정성스럽게 다듬는다.

치장을 마친 분녀는 거실로 나가 김미현을 부른다.

분 녀　미현아. 미현아.

김미현　네. 일어나셨어요?

분 녀　잠깐 앉아봐라.

김미현　왜요? 어디 아프세요?

분 녀　할엄마 때문에 많이 힘들제?

김미현　저보다는 아픈 엄마가 더 힘들죠. (울먹인다)

분 녀　인자 곧 엄마 손님들이 올 거시다.

김미현　손님이요?

분 녀　그려……. 엄마가 손님 부르는거 처음이쟈?

김미현　네……. 가까이 하시는 분도 없었으니까요.

분 녀　맞구먼. 나가 그렇게 살았어.

김미현　그런데 누가 오시는 거예요?

분 녀　엄마 은인이시다.

김미현 은인이요?

분 녀 인자 곧 알게 될텐게……. 느그 엄니가 참말로 비밀이 많은 사람이여.

이윽고 최순덕이 분녀를 부른다.

최순덕 (소리만) 분녀야.

분녀는 급하게 문을 열어 준다. 최순덕과 정수현이 들어온다.

분 녀 아이고, 성. 오시느라 고생했어요.

최순덕 고생은 뭔 고생이고.

정수현 그동안 잘 지내셨어요?

분 녀 그람. 어여들 와요. 성, 여그는 내 막내딸이여라. 인사혀라. 엄마 손님이다.

김미현 안녕하세요.

최순덕 니 딸이가? 아이고 억수로 곱네. 니 처녀적이랑 똑같데이.

분 녀 그라요? 그라도 야가 더 곱죠잉.

최순덕 그래. 그렇다.

정수현 안녕하세요. 정수현입니다. (눈치보며) 그런데 따님이 있어도?

분 녀 괜찮혀.

정수현 아……, 네.

분 녀 오늘 잘 부탁하는구만.

정수현 부탁은 저희가 드려야죠.

분 녀 (김미현에게) 차라도 내 와라.

김미현 아, 네. (일어난다)

정수현 괜찮아요.

분 녀 나가 주고 싶어서 그려. 미현아.

김미현 네. 잠시만 기다리세요. (나간다)

정수현 할머니, 가족들 아무도 모르신다고…….

최순덕 그래. 니 괘안나?

분 녀 야. 인자 모두 알게 될텐디……. 저 아한테는 직접 말해 주고 싶구먼요. 지 꿈도 포기허고 이 엄니 뒷바라지만 허는 착한 아여라. 그란께 나으 비밀도 가장 먼저 알아야지라.

최순덕 그래. 니 편한데로 하래이.

정수현 (녹음기를 꺼내며) 할머니, 말씀하시는 거 녹음할게요? 제가 적기도 하겠지만 정확하게 기록해야 해서요.

분 녀 아이고. 그렇게 해야제. 괘아너.

김미현 (차를 가지고 들어온다) 여기요. 그런데….

분 녀 궁금한게 많쟈? 이제 곧 알게 될거신께 쫌만 참어라.

김미현 네…….

정수현　따님한테 얘기한다 생각하시고 편하게 하시면 되세요.

최순덕　그래. 하고 싶은 말 다 하믄 된다.

분 녀　야.

정수현　이렇게 큰 결심해주셔서 너무 감사해요.

분 녀　나가 해야 할 일인디 뭐. 죽어서 후회 안 할라믄 이렇게 하는 것이 옳은 것이제.

정수현　네. 할머니. 제가 처음 질문은 드릴건데 그냥 하시고 싶은 말씀 다 하시면 되세요.

분 녀　나가 말을 두서없이 막 할텐디 괜안을까?

정수현　그럼요. 그냥 입에서 나오는 대로 편하게 하시면 되세요. 말씀하시다가 너무 힘드시거나 괴로우시면 말씀해 주세요.

분 녀　알았네.

정수현　할머니, 이제 정말 시작 할게요.

분 녀　그려.

정수현, 녹음기를 누르면 시작 된다.

정수현　할머니 함자부터 말씀해 주세요.

분 녀　이분녀.

정수현　네. 이분녀 할머니. 연세가 어떻게 되세요?

분 녀　나이를 안 센지 오래되야서 가물가물 허네. 나가 1926

년 봄에 태어났어.

정수현 고향은 어디세요?

분 녀 전북 군산.

정수현 몇 살에 그곳에 가신거에요?

분 녀 16살이었나? 꽃다운 나이였지. 그때는 참 고왔는디….

정수현 어떻게 데려갔나요?

분 녀 그냥 끌고 갔어. 어디가 숨어도 막 찾으려 댕겨. 처녀들은 보이는대로 막 잡아 끌고가. 근디 그걸 본 누구도 말리지도 못 허고 지랄도 못혀. 잘못허면 더 큰일을 당하는디 누가 나서겄어. 트럭에 그냥 짐짝모냥 던져 넣드라고. 그라고 얼마를 갔는지 몰라. 거서 또 막 끌어내려. 그담에는 기차를 탔는디 그거는 자리도 없는 데고 짐 싣는 데 그런데다가 실어.

정수현 어디로 가시는지는 알았어요?

분 녀 우리가 그걸 워치케 안남. 거서는 막 무섭고 개 떨리듯 떨리고 허니께 뭐 어쩐지도 몰라. 배고픈 줄도 모르고 막 서로 치다보고 울기만 해지 뭐. 거기 간께 먼저 있던 아들이 목단강이라고 하더만.

최순덕 그때 내가 말해줬다.

분 녀 그게 성이였어라? 그땐 너무 무서워서 누군지도 몰랐구먼요.

최순덕 그래. 그때 그게 니 정신이었겠나?

정수현　그곳은 어땠어요?

분　녀　군인들 받는데가 벌판에다 지어 놓은게 있는디 그 밑에다 볏집을 깔고, 거다 가마때기 입히고, 또 뭐가 위에 또 깔리긴 깔렸는디,

최순덕　그냥 천막이다. 천막. 천막으로 엉성하게 모양만 내논거지 뭐.

분　녀　방이 일자로 이짝으로, 양쪽에 통로에다 대고 양쪽에 있어. 딱 요막치혀. 요막치. 딱 혼자 자면 편히 자고 둘이 자면 편치 않고. 위안부라고 써 붙였는디. 거서는 기억이 잘 안나네. 아무튼 그 방 앞으로 군인들이 줄을 짝 섰어. 그러고는 한 명 나오면 들어가고 나오면 들어가고…. 몇 명이나 들어가는지도 몰러.

정수현　거기서는 일본이름으로 불렀다고 하던데 할머니 이름은 뭐였어요?

분　녀　사나에. 나더러 사나에라고 하더만.

정수현　그럼 거기에서 생활은 어떠셨어요?

분　녀　가자마자 방으로 밀어 넣드라고. 그러면서 인자부터는 사나에래. 우리나라 이름은 잊으라고 하더라고. 그라고 조금 있는께 일본 놈이 들어오드라고. 나가 처음에는 너무 놀라고 무서워서 막 밀쳐냈거든. 그랬더니 막 때리데. 맞다가 쓰러졌는디……. 워치게 됐는지 몰러. 여가 욱씬거리고 아파서 본께 피가 흐르더만…….

그걸 본께로 막 눈물이 나는거여. 그란디 그렇게 울 틈도 없어. 그담에 또 일본 놈들이 또 들어와. 그날 몇 놈이 왔다 간지 몰러. 계속 울었어. 누워서 일어나지도 모더고 몸을 요렇게 쭈그리고 울었어. 시간이 얼매나 흘렀나 누가 들어오데. 그이가 순덕성이여. 나 옆방이었는디 내 울음소리 듣고 달래주러 왔더만. 성을 붙잡고 또 엄청 울었네. 성이 나한테 참말로 잘해줬어. 고향은 달라도 꼭 오래 같이 산 사람모냥 정겹해 해주더만. 그라도 나는 순덕성랑 순이 덕에 견뎠지.

최순덕 아이고. 나쁜 놈들. 그때 그 어린 아를……. 그놈들이 죽일 놈들이다. 아직도 니 울음소리가 귀에 선하다. 얼마나 울던지, 니 울다 죽는 줄 알았데이.

안아주니 더 울데.

분 녀 그때 참말로 많이 울었어라.

정수현 하루에 몇 명이나…….

분 녀 글씨…. 나가 확실히 세보지를 안허서……. 열여덟인가……. 주말이나 쉬는날이 있으면 셀 수도 없어.

정수현 도망 가실 생각은 안 해보셨어요?

분 녀 왜 생각을 안 했것어. 도망가믄 그냥 죽여. 그란께 생각만 허지 행동은 못 했제.

최순덕 도망치다 죽은 아들은 시체도 못 봤다. 그냥 쏴 죽이고 암데나 묻은거제. 내 옆방 하치꼬도 갑자기 없어졌데이.

그 놈들이 죽인기다.

분 녀 그란디 어느 날 부턴가 배가 자꾸 불러 오드만. 그러다 나 배아파 죽겄네. 괴로워하니께 순이가 너 애 뱄다. 그러는겨. 거서는 아를 배도 죽여. 그란께 무서워서 순이랑 도망갔제. 온통 까매서 보이지도 않는디 무조건 산으로 갔어. 가는 길에 아를 낳았는디 딱 이만하게 다리까지 있는디……. 다 썩었어. 지금도 그 아만 생각허면 가슴이 아퍼. 그란디 슬퍼할 틈도 없이 그놈들이 쫒아 왔어.

정수현 그래서 어떻게 됐어요?

분 녀 나는 애 놓느라 기진맥진이라 도망도 못 가고 잽히고 순이는 어디로 숨었지.

일본놈들이 나를 죽도록 때렸어. 나가 정신은 말짱한디 몸이 안 움직이데…….

소리도 못 지르고 맞고 있으니께 숨어서 보고 있던 순이가 뛰어 나와서 소리를

질렀어. 빠가야로. 빠가야로. 일본놈들이 나는 내버려두고 순이를 쫒아가데. 그라고는……. (괴로워한다)

김미현 엄마! 괜찮아요?

정수현 할머니……. 괜찮으세요?

분 녀 그 놈들이……. (슬퍼한다)

최순덕 (분녀를 토닥이며) 아이고…, 됐다……. 그만 해라.

김미현 저……, 계속 해야 하나요?

정수현 할머니, 힘드시면 그만하셔도 되요.

분　녀 아니여. 괜찮어. 괜찮아요. 순이를 생각헌께…….

김미현 엄마…….

정수현 좀 진정 되시면 할까요?

분　녀 세월이 흘러도 순이를 생각허면 이렇게 가슴이 아퍼. 나가 죄인인 게. 나 같은 거 구한다고……, 순이가……. (운다)

최순덕 아이고……, 분녀야……. (위로한다)

김미현 엄마…….

분　녀 그렇게 순이가 죽고 나는 기절했제. 눈 떠보니께 위안소더만. 순덕이성이 걱정시럽게 쳐다보고 있었어. 성을 본께 또 눈물이 나. 하염없이 울었어. 순이야, 순이야……. 그러면서 하루종일 울었어. 그란디 나가 지금도 이해가 안 가는 것이 그 놈들이 나를 왜 데리고 왔을까? 평생 죄책감 가지고 괴롭게 살라고 했는지……. 아무튼 나는 지금도 그거이 참말로 궁금혀.

최순덕 내도 기억난다. 그 놈들이 던지고는 가더라. 그때 니 죽어가 온 줄 알았다. 온몸이 피투성이에 축 쳐져서는…….근데 숨이 붙어 있는 기라. 수건 적셔가 닦고 물 멕이고……. 삼, 사 일은 깨지 않았다. 그러다 뭐라고 중얼거리면서 깨더라…….

분 녀 나는 그 뒤로 가물가물혀요. 성이 해준 야그가 단디…….

최순덕 그대로 말하면 된다. 니 그때 억수로 아팠데이.

분 녀 그 뒤로 나가 워치케 맨정신으로 살아가겄어. 썩은 아를 낳아 죽이고 하나뿐인 벗이 나때미 죽었는디……. 그대로 나가 정신병자가 되버렸네. 소리라도 질러야지 안 그러면 죽어. (가슴 있는 곳을 손으로 쓸어내리며) 여그가 거식한게 답답혀서 죽겄어. 나가 그놈들한테 당한일을 생각허믄 기가 막히고 순이를 생각허믄 가슴이 찢어지는게…….

최순덕 이상한 말도 많이 했다. 일본놈들만 보믄 어요요요. 개 부른다고……. 그놈들헌테 소리지르면서 막 욕을 하더라. 저 개 간다. 쏴 죽여라. 저 개 같은 놈들 때려 죽인다. 칼로 찔러 죽인다. 막 소리를 지르고 그랬다.

분 녀 그란디 나가 정신 나간 동안은 일본 놈들이 암도 안 오데. 정신은 나갔어도 몸은 편했지.

정수현 그곳에는 얼마나 계셨어요?

분 녀 그곳에 끌려가고 삼 년인가 있은께 군인들이 뜸해지더만. 그때는 정신이 나갔다 돌아왔다 할 땐게 조금씩은 기억이 나. 해방이 된거여. 거서 나와가지고 고향에 갈라는디 워치케 해야 할지 몰러. 나가 또 정신을 못 차린께 순덕이서이 나를 붙잡고 기차 타러 갔제. 그때는 기차도 겁나게 만원이 되아서, 그란께 사람들이 성보고 나 같은 사람 델고 워치케 탈라고 그러냐고 못 탄다고 막 더래. 세상에 같이 고생한 우리 동상인디 나가 떼어놓고 갈 것이이냐고 데리고 가서 낫어줘야 헐거 아니냐고. 그란께, 석탄 창고에 태워줬다는구먼. 그렇게 순덕성네서 한참을 지냈어.

최순덕　기억나나? 그 창고에서도 내 손을 꼭 붙잡고 놓질 않더라. 땀이 흥건해가 닦지도 몬하고……. 우리 집에 가서도 내 옆에 꼭 붙어 있었다.

정수현　거기서는 어떻게 지내셨어요?

분　녀　성네 엄니가 아이고 불쌍한 것, 죽으믄 어쩐다냐. 함서 나를 성 허고 꼭 놔뒀어. 엄니가 약을 사서 늘 나를 먹였는디 그때는 그것 보고 아편이라하더만. 그것을 석 달간 맞았다고 하데. 정신이 돌아와서 얘기도 허고 헌께 양을 줄이드만. 양을 줄이믄서 불쌍한 것 중독되면 못 쓴다고 조금씩 놔주고 그렇게 혔어.

정수현　그럼 그 뒤로는 정상적인 생활을 하신거에요?

분　녀　그람. 정신도 말짱해 지고 몸도 많이 좋아졌제. 나한티 순덕성이랑 엄니는 은인이여. 그란디 나가 그 은혜도 모르고 몰래 도망나갔당께. 엄니 보고 싶어가. 성, 참말로 미안허요……. 아무리 생각허도 나가 나쁜 년이요.

최순덕　괘안타 안카나. 내랑 어무이는 니한테 은혜 갚는거 바라고 그란거 아이다. 니 한 번도 원망 안 했데이.

분 녀　그라도…….

최순덕　그만해라. 자꾸 그라모 내 화낼기다.

분 녀　야…….

정수현　정말 힘드셨겠어요.

분 녀　많이 힘들었제. 우리가 거서 그렇게 몸을 빼앗겼어도 정신만은 지켰제.

최순덕　맞다. 그놈들이 일본이름 주고 했어도 우리는 우리나라 사람이라고 그것만은 꼭 지키고 살았데이.

정수현　고통속에서도 애국심을 잃지 않으시다니…….

분 녀　그 마음으로 버텼제.

정수현　네. 정말 대단하세요.

최순덕　인제 니 살아 온 얘기 좀 해 봐라.

분 녀　(김미현을 보면) 괜찮냐?

김미현　…….

최순덕　괜찮을끼다. 그자?

김미현　…… 네…….

최순덕　그간 어떻게 살았노?

분 녀　그때 성네 집서 몰래 나와서 고향으로 갔어라. 사람들이 나를 알아보더라고요. 근디 뒤에서 손가락질함서 더러운 창녀라고 욕하더라고요. 순이는 어디 갔나며 자꾸 묻는디……, 나가 암 말도 못허고 그대로 도망쳐 기차를 탔어라.

최순덕　그래, 어디로 갔노?

분　녀　내리니께 서울이데요. 순이랑 성이 살려준 목숨 죽이지는 못 헌께 살았어라. 식모살이도 허고 식당일도 허고 안 해본 일이 없어라. 살기 위해서 닥치는 대로 했지라. 그러다 고향사람 만나 살림도 차리고……. 고향이 너무 그리워서 고향 사람 만났는디 술만 마시면 때려요. 이리 차고 저리 차고.

최순덕　아이고, 고생 많았데이……. 그래 어떻게 살았나?

분　녀　그때 아도 배고 있었는디 누구 씨냐며 죽이려고 하데요. 그래 도망쳐 나왔어라. 남산만치 나온 배로 헤매다가 어느 식당 앞에서 쓰러졌는디 그때 만난이가 죽은 영감이여. 그 영감이 나랑 우리 아들을 살렸지라.

최순덕　잘 됐데이. 억수로 잘 됐데이. 그 양반이 최고의 은인이다.

분　녀　야……. 우리 영감이 참말로 좋은 사람이어라. 거서 아도 낳고 그 아가 우리 아들 정현이요.

김미현　(놀란다)

분　녀　(김미현을 한 번 보고는) 거서 식당일 도우면서 살았는디 사장이었던 영감한테 딸이 하나 있었어라. 그 아가 우리 큰딸 미령이요. 사별하고 혼자 키우고 있었는디 나한티 엄마, 엄마 하면서 잘 따랐어라. 그 모습이 월매나 이쁜지 나가 딸처럼 돌봤어라. 그란디 어느 날 영감이 같이 살자고 하데요. 외롭고 힘든 사람끼리 잘 살아 보자고……. 그렇게 지금까지 살았어라.

최순덕　잘 했다. 천 번, 아니 만 번도 더 잘 한기라.

분　녀　우리 큰딸은 나가 친엄닌줄 알어요. 우리 아들도 아버지가 친아버진 줄 알고. 그라다가 막내딸이 생겼는디, 그 아가 미현이요.

김미현　엄마…….

분　녀　많이 놀랐제? 그랬을 것이다. 그렇게 막내딸까지 낳고는 다서이 정말 행복했는디, 그라니께 병이 다시 오데요. 그때부터 신경안정젠가 하는 약도 먹었어라. 옛날 마냥 지랄허는 것은 아닌디 우울여. 사람들도 못 보겄어라. 혹시나 나 아는 사람이라도 만나면 들킬까봐. 고거이 겁이나가 사람들을 피하게 되고 잠도 안와. 잠이라도 자면 악몽을 꾸는디 아주 죽것어.

최순덕　그냥 그래 살면 됐지 뭐가 억울해가 다시 돌아가노?

분　녀　나가 워치케 혼자서 행복 할 수 있단가요? 나때미 죽은 순이한테도 미안허고 딸내미 잃은 엄니한테도 미안허고 몰래 도망쳐 나온 성한테도 미안한디…….

최순덕　아이고, 모질아……. 뭐가 그리 미안하노……. 너가 잘 살아야 보는 이도 좋은 거다…….

분　녀　맞아요……. 그래야 하는 거인디……. 나가 못나서 그래요…….

최순덕　그만 좀 해라. 듣기 실타.

분　녀　우리 식구들이 나때미 고생 많이 했어요. 나 좀 웃게 해준다고 별의 별것을 다했는디 나는 고거이 못 견디겠더만요. 우리 새끼들 나한테 상처 많이 받았을 것이여라. (김미현에게) 힘들었제?

김미현　…….

분　녀　다 나가 잘못혀서 그런거제. 나가 죄인이여. 나때미 식구들이 괴로웠은께. 영감은 죽을 때까지 몰랐어요. 도저히 말을 못 하겠더라고요. 고거이 참말로 미안혀요.

최순덕　내 그냥반 본 적은 없어도 알겠다. 다 이해했을기다. 나 멘키로 괜찮다 했을 기다.

분　녀　그럴까요?

최순덕　하모.

김미현　네……. 아버지가 아셨으면 안아주셨을 거예요. 따뜻한 분이시잖아요.

분　녀　그려. 그랬지…….

최순덕　우리 분녀, 시집 잘갔네.

분　녀　야, 영감도 잘 얻고 자식들도 겁나게 잘났어라. 큰딸은 사모님 소리 듣고 아들은 의원이요. 우리 막내는 손재주가 겁나게 좋단게요. 지금은 엄니 아프다고 옆에서 병간호 하면서 지내는디 뭐든 하면 모다는게 없단께.

우리 새끼들만 생각하믄 나가 참말로 자랑스럽고 기쁜 당께요. 나같이 못난 엄니 밑에서 잘 자라준 게 고맙고 기특혀요.

최순덕 그래. 억수로 좋겠다. 자식농사도 잘 짓고 잘 살았고만.

분 녀 그란디 나는 도와주지는 못할망정 아프기만허고……. 그것만 생각하믄 참말로 미안고 안쓰러워라.

김미현 엄마, 우리 정말 아무렇지도 않아요. 자꾸 미안해하지 마세요.

정수현 네. 이제 할머니의 진심을 알았으니 다들 이해할 거예요.

분 녀 나는 인자 살만큼 살았어. 그냥 자식들한테 짐 안 되고 편히 죽는거이 소원이여.

김미현 엄마, 자꾸 죽는단 말 하지 마요. 그말 들을 때 마다...

최순덕 그래. 인제 다시 시작 아이가. 내랑 오래오래 재미나게 살자.

분 녀 야. 그래요. 나도 그간 못헌거 해보고 살라요.

최순덕 그래. 잘 생각했다.

정수현 정말 고생많으셨어요. (분녀의 손을 잡고) 다시는 기억하고 싶지 않으셨을 텐데 이렇게 도와주셔서 너무 감사해요.

분 녀 아니여. 나가 고맙지. 우리를 위해서 하는 거인디. 잘 부탁하네.

최순덕 인제 속 시원하제?

분 녀 야. 후련하고만요.

최순덕 인제 다 끝난기가?

정수현 네.

최순덕 그럼 우리는 따로 할 얘기가 있어가. 분녀야, 니 방이 어데고?

분 녀 (방을 가리키며) 여그요.

최순덕 드러가자. 아, 막내딸, 우리 따순거 한 잔씩 부탁한데이. 이거 다 식었다.

김미현 아, 네. (부엌으로 들어간다)

정수현 아……. 네. 근데 무슨 말씀을?

최순덕 뭐를 그리 꼬치꼬치 캐 묻노? 비밀이다.
(정수현에게 조심스럽게) 니가 딸한테 얘기 잘 해줘라. 많이 놀랐을 기다.

정수현 아……. 네.

최순덕 들어가자.

분 녀 야…….

둘은 방으로 들어가고 김미현이 나와 방으로 들어가려 한다. 그 때 정수현이 막아선다.

정수현 차는 됐다고 하시네요. 죄송해요. 번거롭게 해드려서.

김미현 그래요.

정수현 (조심스럽게) 많이 놀라셨죠?

김미현 …….

정수현 그러셨을거에요. 많은 어르신들이 당신이 겪으신 일을 숨기고 사세요. 이렇게 증언을 해주시는 것은 정말 큰 용기를 내신 거예요. 다른 억울한 분들을 위해서 후세를 위해서요.

김미현 네…

정수현 할머니는 이 무거운 짐을 혼자서 짊어지고 계셨던 거에요. 그래서 그렇게 아프셨던 것 같아요. 그리고 당신 때문에 돌아가신 친구분을 위해서도 은혜를 갚지 못한 순덕할머니를 위해서도 당신 혼자서는 행복하면 안 된다는 생각에 스스로를 가두신 거에요.

김미현 엄마는 왜 숨기고 사셨을까요?

정수현 그 사실을 많이 부끄러워하셨어요. 남들이 알면 혹시나 자식들한테까지 손가락질할까 봐 그러셨던 것 같아요.

김미현 얼마나 아프셨을까. 엄마가 되고 아이를 낳는 고통을 가지신 분이 우리를 낳고 키우면서 얼마나 많은 눈물을 흘리셨을까…….

정수현 많이 힘드셨겠죠. 하지만 자식들 덕분에 견디고 사실 수 있었을거에요.

김미현 네……. 저, 궁금한게 있는데요.

정수현　네. 말씀하세요.

김미현　오늘 인터뷰는 비공개는 아닌거죠?

정수현　네. 조만간 신문에 실릴 겁니다.

김미현　그렇군요. (생각이 많아진다)

정수현　그럼. (분녀의 방으로 가 최순덕을 부른다) 최순덕할머니.

최순덕　(나오며) 와?

정수현　말씀 안 끝나셨나 해서요.

최순덕　다 했다. 가자.

분　녀　벌써 가시게요?

최순덕　그래. 많이 늦었다. (하품을 하며) 내 가서 잘란다.

분　녀　야.

최순덕　속 시원하니 오늘 잠 잘 올기다. 니 꿈속에서 순이가 웃어 줄기다. 잘 했다꼬.

분　녀　참말로 그랬으면 좋겠네요.

최순덕　분명히 그럴기다.

분　녀　야.

최순덕　내 진짜로 간데이

분　녀　조심히 가셔라.

최순덕　그래. 쉬래이.

정수현　안녕히 계세요

김미현　안녕히 가세요.

분 녀　가시오.

둘 나가고 분녀와 김미현만 남는다. 둘은 말이 없다.

분 녀　괜찮냐?

김미현　…….

분 녀　그동안 숨겨서 미안허다. 나가 부끄러운 엄마라 그랬다.

김미현　아니에요. 하나도 안 부끄러워요. 엄마가 원한 것도 아니었는데……. 그때는 어쩔 수 없는…….

분 녀　그려. 그랬지……. 그래도 남들은 그렇게 생각 안 하니께. 나가 죽어서도 숨겼어야 허는디……. 미안허다. 내 마음 편차고 이렇게 혀서…….

김미현　엄마가 왜 미안해요. 그동안 그것도 모르고 투정부린 우리가 죄송하죠……. (분녀에게 안겨 운다) 엄마……. 많이 힘드셨죠…….

분 녀　괜찮다. 엄마는 다 괜찮어…….

김미현　엄마…….

김미현은 분녀에게 안겨 울고 분녀는 김미현의 등을 쓰다듬으며 연신 괜찮다를 되새긴다.

암전.

4장. 분녀의 방.

힘겹게 몸을 일으키는 분녀. 지난 번보다 많이 야윈 모습이다. 김미현이 물과 약을 가지고 들어온다.

김미현　엄마, 몸은 좀 어떠세요?

분　녀　그렇지 뭐.

김미현　자, 여기 약이요. 많이 아프시면 꼭 말씀하세요. 저번처럼 혼자 끙끙 앓고 계시지 말고요. 지금도 그때 생각만 하면 심장이 떨려요.

분　녀　알았당께. 아침부터 잔소리여.

김미현　걱정되서 그래요. (잠자리를 정리한다)

분　녀　그려. 근디 아적 연락 온 것은 없고?

김미현　안 그래도 어제 저녁 늦게 연락 왔어요. 엄마 주무셔서 말씀 못 드렸는데 오늘 아침 신문에 엄마 기사 실린데요. 이따 오후 늦게 신문 갖고 오겠다고 하던데요.

분　녀　그려? (깊은 한숨을 쉰다)

그때 김미령이 엄마를 부르며 다급하게 들어온다.

김미령　엄마! (신문을 내밀며) 엄마, 이게 뭐에요?

분 녀　(차분하게) 왔냐?

김미령　이 기사에 실린 이름 엄마에요?

분 녀　아침밥은 먹었냐?

김미령　지금 아침밥이 문제에요?

분 녀　아무리 급해도 밥은 먹어야제. 사람은 밥심이 있어야혀.

김미령　이 이름 엄마 아니죠? 동명이인이죠?

분 녀　나 맞다.

김미령　어머……, 어머……. 설마 설마 했는데…….

김미현　언니, 진정하고…….

김미령　너 뭐야? 너는 알고 있었어?

김미현　그게…….

분 녀　미현이도 안지 얼마 안 된다.

김미령　알았으면 우리한테 말했어야지. 어떻게 이렇게 될 때까지 가만히 있니?

분 녀　내가 말하지 말라고 했다.

김미령　왜요?

분 녀　느그들이 알면 못나가게 막았을 것 아니여.

김미령　당연하죠. 이게 뭐 자랑이라고 세상에 알려요.

분 녀　그래서 말 안 혔다.

김미령　애들 아빠 난리 났어요.

분 녀　안서방한테는 미안하구만

김미령　미안하다면 다에요? 우리한테 어떻게 이러실 수 있어요?

날벼락을 맞아도 이것보단 낫겠어요.

김미현　언니…….

김미령　엄마가 위안부였던 것도 모자라 내가 엄마 친딸이 아니라뇨? 어떻게 그런 걸 숨기고 사셨어요?

분　녀　너그를 위해서였다.

김미령　그래서 이렇게 공개적으로 밝히셨어요? 우리도 모르는 사실을 신문을 통해서 알게 된다는 게 말이 되요?

분　녀　그건 미안허다.

김미령　지금까지 내가 엄마한테 어떻게 했는데요? 엄마가 이러면 안 되는거죠.

김미현　언니, 엄마도 사정이 있으셔서…….

김미령　우리에 대해 알고 얼마나 비웃었니? 그동안 응큼하게 숨기면서 얼마나 얕봤냐고.

김미현　아니야, 난 그런적 없어.

김미령　웃기지마. 너도 이러면 안 되는 거야. 우리가 너 불쌍하다고 얼마나 챙겼니? 믿는 도끼에 발등 제대로 찍혔어.

김미현　미안해…….

김미령　내가 엄마 친딸이 아니라니…….

분　녀　넌 내 딸이여. 나가 그렇게 키웠구만. 모든 사실이 밝혀져도 니가 내 딸이라는 것은 변함이 없구먼.

김미령　아니요. 사람들은 그렇게 생각 안해요. 나도 그렇고요.

분　녀　뭐여?

김미령　나는요 위안부 엄마 둔 적 없어요.

김미현　언니! 그건 아니지.

김미령　사실이잖아. 내 친엄마도 아닌데. 난 이제 남은 정도 없어.

김미현　언니……, 어떻게…….

그때 김정현이 급하게 들어온다.

김정현　어머니! 이 기사 잘못 된 거죠? 그렇죠?

김미령　그 기사 사실이야. 우리 서로 남인것도 사실이고..

김정현　어머니, 어떻게 이러실 수 있으세요? 부끄럽지도 않으셨어요?

분　녀　부끄러? 나가 뭘 잘못혔는디 부끄럽냐? 나가 도둑질을 혔냐? 사람을 죽였냐? 일본놈들한티 당한 것이 부끄러운 것이냐?

김정현　그러면 이렇게 당당하게 밝힐만한 일입니까?

분　녀　나가 말 못할 것이 뭐가 있냐? 그놈들이 아니라고 혀서 나가 증인 한다고 혔다. 그래서 억울하게 죽은 이들 편히 눈감으라고 알리기로 한 것이다.

김미령　그걸 왜 엄마가 해요? 엄마같이 정신대 나온 사람들이 한두명도 아닌데 왜 엄마가 증언을 하냐구요. 그 사람들은 다들 쉬쉬하며 숨기고 잘만 살던데.

김정현　지금 어머니 같은 사람이 아무리 얘기한들 뭐가 달라지겠습니까? 일본 정부나 우리나라에서 받아주겠나고요. 저도 정치하면서 이러저런 일들 다 해봤지만 소용없었습니다.

분　녀　정말 해보긴 한거냐?

김정현　(뜨끔) 그게 문제가 아닙니다.

분　녀　뭐를 해달라고 한 것이 아니여. 그냥 들어달라고……. 우리가 이렇게 살고 있다고…….

김미현　오빠, 엄마도 그동안 숨기고 사셨어. 우리 모르게 혼자서 끙끙 거리며 그렇게 아프게 사셨다고.

김정현　그러면 계속 숨기셨어야죠. 왜 이제와서 밝힌겁니까?

분　녀　죽기전에 속풀이 할려고 그랬다. 이 가슴이 하도 답답허고 숨 쉬기가 힘들어서 속 좀 뚫으려고 그랬구먼.

김미령　다 늙은 엄마 속 풀으려고 이렇게 하면 우리는 어떡하라고요.

김정현　왜 하필 지금이에요. 네? 저한테 지금이 얼마나 중요한 시긴 줄 모르세요? 어떻게 어머니가 우리한테 이러실수가 있으세요.

분　녀　지금이 워떤 시긴디? 느그가 나한티 말한게 있다냐? 그냥 있는 듯 없는 듯 살라고혔지 나가 어떻게 삽니다 말한적 있더냐?

김정현　그러니까 그냥 조용히 사셨어야죠.

분 녀 뭐여?

김미령 엄마, 우리가 지금 사회적 위치가 어떻게 되는지 몰라요? 세상에서 우리를 어떤 눈으로 보고 있는지 몰랐어요?

분 녀 그려. 나는 그런거 모른다.

김미현 언니, 오빠. 그만해. 엄마 많이 아프셔. 언니, 오빠가 이렇게 하지 않아도 괴로우다고.

김미령 엄마가 아픈게 한두 번이니. 이제 그런걸로 안 넘어가. 특히 이번엔 그냥 넘어갈 수 없는 문제라고.

김미현 언니……. 어떻게 그렇게 말을 해? 엄마가 아프시다는데…….
엄마 어디가 어떻게 아프신 줄 알아?

분 녀 미현아. 그만혀라.

김정현 어디가 아프신데? 왜? 죽을병에라도 걸리셨어요? 그래서 이렇게 모든걸 밝히신 겁니까?

분 녀 아니다.

김정현 아무리 죽을 병에 걸리셨어도 이건 아닙니다. 자식들을 위해서라도 이러시면 안 된다고요.

김미현 오빠! 어떻게 말을 그렇게 해? 정치하신다는 분이 그렇게 막말을 하면 안 되는 거잖아.

김정현 너는 지금 내가 제 정신으로 보이냐? 어머니 기사 보고 제정신으로 여기까지 왔겠냐고. 어머니, 지금 어머니가 무슨 짓을 하신지 아세요? 어머니 아들 쫓겨나게 생겼어요. 평생 꿈까지 잃게 생겼다구요.

김미현 오빠 일이랑 엄마랑 무슨 상관인데? 오빠는 그냥 오빠 인생 살면 되는 거잖아.

김정현 우리 같은 사람들한테 이런 일은 꼬투리야. 어린 놈이 정치한다며 다들 으르렁거리고 있는데 이깐 일 하나 하나가 그 놈들한테는 나를 잡을 수 있는 절호의 기회다. 어머니가 그놈들한테 먹잇감 던져준거라고.

김미령 이제 어쩌실 거에요? 나도 이제 끝났어요. 엄마 때문에 그동안 힘들게 쌓아 온 모든 것이 무너져버렸다구요. 엄마는 나뿐만 아니라 애들 아빠까지 힘들게 만든 거라고요.

김정현 그래요. 우리들 이야기는 왜 하신겁니까? 그냥 아무것도 모르고 살게 두시죠.
우리가 받을 충격은 생각 안 해보셨어요?

김미현 엄만 언니, 오빠 자랑스러워서 그러신 거야.

김미령 이유가 어쨌든 우리한테는 최악의 상황이라고.

분 녀 인자 야그들 다 혔냐?

김정현 왜요? 또 뭔가 숨기신 게 있습니까?

분 녀 야그 끝났으면 나가들 봐라. 나 쉴란다.

김정현 어머니, 끝까지 이러실 겁니까?

김미령 그것 봐요. 엄마는 지금도 엄마 힘든 것만 생각하죠? 지금처럼 엄마는 엄마만 생각하느라 우리를 모르는 거라고요.

김미현 언니, 그만해.

김정현 어머니, 제가 언제 도와달라고 했습니까? 아무것도 바란 것 없습니다. 이제 우리는 어떻게 살아갈까요? 위안부 어머니라는 그 짐을 사람들이 어떤 시선으로 보겠습니까? 그 자식들한테 향하는 손가락질을 어떻게 견뎌낼까요?

김미현 언니, 오빠는 자기들 생각만해? 그동안 숨기면서 힘들고 괴로웠을 엄마 생각은 안 해? 어떤 심정으로 모든걸 밝히셨을까는 생각 안 하냐고?

김정현 넌 잃을게 없으니까 그런 소리 할 수 있는 거다. 근데 우리는 잃을게 너무 많아서 어머니 아픔 같은건 보이지도 않아.

김미현 어떻게……, 어떻게 그래?

김미령 어떻게 그러냐고? 너도 세상을 살면 그렇게 돼. 니가 아직 엄마품에 싸여서 모르고 있을 뿐이지.

김미현 그래도 엄마한테 그동안 어떻게 사셨는지 그것부터 물어봐야 하는거 아니야?

김미령 그건 이 신문에 다 나와 있잖아.

김미현 우리 엄마잖아. 엄마한테 해명할 기회라도 줘야 하는 거잖아. 직접 듣고 사실인지 아닌지 먼저 확인해야지.

김정현 신문은 거짓말을 하지 않아.

김미현 오빠는 엄마 보다 신문을 더 믿는거야?

김정현 그래. 어머니는 항상 우리에게 그런 모습만 보이셨으니까.

김미현 그런 모습이 뭔데? 어떤 모습이었는데.

김미령 넌 벌써 잊었니? 엄마, 우리 기억속에 엄마는요 모진 엄마였어요. 사람들 무서워서 가족끼리 소풍 한 번 제대로 가본 적 없고요 매일 술에 신경안정제에 신경질만 내는 그런 나약한 엄마였다고요.

김정현 기억나십니까. 어머니 생신 때 마다 우리가 케잌을 준비하고 음식상을 차려도 초 한 번 끄신 적 없고요 함께 식사 한 적 없습니다. 그때마다 오히려 타박이였죠. 그러고는 술에 쩔어 약에 취해 잠드셨어요.

김미령 엄마, 막내가 왜 엄마 옆에 붙어 있는지 아세요? 미현이는 태어나자마자 엄마의 등만 보며 자랐어요. 한 번도 따뜻하게 안아준적 없고 젖 한 번 제대로 물려주지 않고 우리들 손에 자란애에요. 그런데도 엄마한테 원망 한 번 없이 왜 이렇고 있겠어요. 그건요.

김미현 언니, 그만해.

김미령 엄마의 사랑이 필요해서에요. 엄마한테 사랑을 구걸하고 있는 중이라고요.

김미현 언니가 나에 대해 얼마나 안다고 그래? 언니, 오빠가 언제 나한테 관심이라도 있었어? 그렇게 나에 대해 아는 척 하지마.

분 녀 그만들 혀라……, 그만들…….

김미령 뭐? 니가 지금 우리한테 이럴 자격이 있다고 생각해? 엄마랑 둘이 짜고 숨기고 있었으면서?

김미현 자격? 어떤 자격이어야 말할 수 있는건데? 내가 부족하고 창피한 동생이라서 이런 말 할 자격도 없는거야? 언니, 오빤 뭐가 그렇게 잘났는데? 그래서 엄마한테 이렇게 함부로 하는건데?

분 녀 그만들 혀라……. 제발……, 그만들 혀…….

김정현 뭐? 말 조심히 못 해?

김미현 남들한테 하는 거 반만이라도 엄마한테 해 봤어? 엄마한테 피해당했다고만 하지 말고 자신들을 먼저 돌아봐.

분녀, 조금씩 작아진다.

김정현 넌 조용히 하고 있어. 지금 니가 끼어들 상황이 아니야.

김미현 싫어. 나도 이제 하고 싶은 말 다 할거야.

김미령 이게 어디서 건방지게.

분녀의 소리를 듣지 못하는 자식들. 자식들의 목소리는 점점 작아지고 분녀에게 TOP 켜진다.

분 녀 미안허다……. 죄 많은 엄니때미 고생이쟈? 참말로 미안허다……. 엄니가 살던 세상은 참말로 고통스러웠다. 그래서 제정신으로 살 수 없어구먼. 좀 더 나은 시상에서 만났으면 더 잘 해줬을 거인디……. 그라도 느그들을 낳고 키우면서 참말로 행복혔다. 나같이 못난 엄니한테서 잘 자라줘서 고맙다. 나는 다음생에도 느그들 엄니로 태어나고 싶고만. 그때는 지금보다 더 잘 해줄텐께, 이번 생애 못 준 사랑 잔뜩 줄란다. 그란께 좋은 시상에서 꼭 이 엄니 자식으로 태어나거라. 밥 꼭 챙겨먹고 차 조심 허고 아프지 말고……. 이 엄니때미 슬퍼도 말고 울지도 말아라……. 못난 나가 엄니여서 미안허다. 고맙고 사랑헌다. 내 새끼들아…….

아픔에 괴로워하는 분녀. 서서히 쓰러지고 조명도 함께 서서히 줄어든다.

암전.

에필로그

소녀분녀는 설레는 표정으로 노래를 흥얼거리고 있다

분 녀 보일 듯이 보일 듯이 보이지 않는 따옥 따옥 따옥 소리 처량한 소리 / 떠나가면 가는 곳이 어디메이뇨 내 어머니 가신 나라 해 돋는 나라 / 잡힐 듯이 잡힐 듯이 잡히지 않는 따옥 따옥 따옥소리 처량한 소리 / 떠나가면 가는 곳이 어디메이뇨 내 아버지 가신 나라 해 돋는 나라

순이가 장난스럽게 분녀를 부르며 들어온다.

순 이 (장난스럽게) 분녀야~ 워디 갔다오냐?

분 녀 (쑥스러워하며) 몰라야.

순 이 뭘 몰라. 나가 다 아는디. 니가 연심 품은 거시기 만나고 온거 아니여?

분 녀 (부끄러워한다)

순 이 아따. 인자 우리 분녀 시집갈 일만 남았나?

분 녀 몰라야.

순 이 분녀는 좋겄다~ 연지곤지 찍고 소원이던 꽃가마 타고 시집가겄네~

분 녀 조용히 하랑께. 누가 들으믄 워쩔라고...

순 이　뭐 어떠냐? 이 동네가 다 아는디. 거시기하고 니하고 얼레레 꼴레레인거.

분 녀　너까지 왜 그러냐?

순 이　나가 뭐~

분 녀　그놈의 얼레레 꼴레레…….

순 이　아니, 나는 그러면 안 되냐? (놀린다) 거시기하고 분녀하고 연애한대요. 연애한대요. 얼레레 꼴레레.

분 녀　그만하랑께.

둘의 웃음소리가 커지며 무대 어두워진다. 어둠속에서도 둘의 웃음소리는 여전하다.

무대가 밝아지면 노인이 된 분녀가 등장해 연기를 한다.

순 이　근디 나가 진짜 궁금해서 그러는디, 거시기가 뭐라고 했냐?

분 녀　몰러. 나가 그런걸 위치게 말로 한다냐.

순 이　말로 못하면 행동으로 해보던가~

분 녀　아이고, 남사시럽게.

순 이　뭐여? 남사스러운일 한거여? 뭐시여? 둘이 참말로 얼레레 꼴레레여? 하하하.

분 녀　몰라야.

순 이　이노무 지지배. 모르긴 뭘 모른단가.

분 녀　순이야, (순이의 손을 가슴에 얹고는) 나 가슴이 너무

뛴다. 이러다 심장이 멎는 거 아닌지 모르겄다.

순 이　걱정말어. 이정도로 죽지는 않은께. 자, 우리 분녀 얼마나 예쁜가 보자. (옷매무새를 다듬어준다) 역시 사랑에 빠지면 예뻐진당께.

분 녀　그냐?

순 이　분녀야, 너 시집가도 나 잊으면 안 된다. 우리 지금처럼 평생 동네에서 같이 살기로 맹세한 거 잊지 말고 기억해야.

분 녀　당연하지. 너나 잊지말드라고. 어디 멀리로 시집가지 말고.

순 이　걱정 말드라고. 나가 지겹도록 딱 달라붙어 살텐께.

분 녀　그려. 우리 평생 친구로 살자.

순 이　(분녀를 안고) 우리 분녀 고생많았다. 혼자서 많이 힘들었제?

분 녀　(어린아이처럼 서럽게 울며) 순이야…….

순 이　인자 같이 가자. 니 엄니도 기다려야.

분 녀　그려. 같이 가자.

둘은 손을 꼭 붙잡고 노래를 함께 흥얼거리며 나간다.

암전.

모두 퇴장하면 무대에 할머니들의 모습이 영상으로 비춰진다.

2023년 포천일고 개교 70주년 기념문집

人文의 山

발행일 : 2023년 12월 27일

발 행 인 : 양호식
발 행 처 : 포천중일고총동문회
편집위원 : 석영환 김순진 안수일 이은숙 최성규 최진욱 김요한
홈페이지 : www.ipocheon.co.kr
밴　　드 : 포천중일고총동문회
연 락 처 : 031-543-8336
팩　　스 : 031-535-8234
이 메 일 : pp5436700@naver.com

펴 낸 곳 : 도서출판 문학공원
대　　표 : 김순진
편 집 장 : 전하라
등　　록 : 2004년 3월 9일 제706호
주　　소 : 서울 은평구 통일로 633, 녹번오피스텔 501호
스토리문학사(우편번호 03382)
전　　화 : 02-2234-1666
팩　　스 : 02-2236-1666
이 메 일 : 4615562@daum.net, ksj5562@naver.com